西洋中世の罪と罰

亡霊の社会史

阿部謹也著

講談社学術文庫

はじめに

ヨーロッパと日本の歴史のなかでどこが根本的に異なっているのかを考えてみると、表面的な違いの底に大きな根があり、その根のひとつに罪の意識の問題があることに気づく。古くは原罪に由来する罪の意識の問題は、一二一五年のラテラノ公会議において成人男女は少なくとも一年に一回告解をしなければならないと定められて以後、個々の人間の問題として浮かび上がってくることになった[1]。しかし罪の意識が告解という形をとり、そこにローマ教会を背景として司祭が介在することによって、罪の意識の問題は単に個人の問題であるだけではなくなった。

M・フーコーはこの問題について次のように述べている。

> 個人としての人間は、長いこと、他の人間たちに基準を求め、また他者との絆を顕示することで（家族、忠誠、庇護などの関係がそれだが）、自己の存在を確認してきた。ところが、彼が自分自身について語り得るかあるいは語ることを余儀なく

されている真実の言説によって、他人が彼を認証することとなった。真実の告白は、権力による個人の形成という社会的手続きの核心に登場してきたのである。

(『性の歴史Ⅰ　知への意志』渡辺守章訳)[2]

ここではヨーロッパの歴史の核となる問題が語られているのみならず、日本の歴史に欠如している何かが示されている点でも注目に値する。告白の強制によって、ヨーロッパにおいては何らかの個人と共同体との間に一線が画されることになったからである。わが国においては何らかの犯罪を犯した犯人が「世間をお騒がせしたことを謝罪する」場合が今日でも多く、社会もその姿勢を重視する傾向がある。世間を騒がせたことが悪いという発想は、罪の意識が共同体と結びついてしか現れないという考え方に基づいている。ところがヨーロッパにおいては、その点で十二、三世紀の間に大きな変化が起ったと考えられるのである。

かつてヨーロッパにおいても個人の罪は、社会＝共同体との関連でのみとらえられていた。しかるに十二、三世紀に教会を媒介にして国家が個人の日常生活の細部にいたるまでこまかく指導し、国王が人びとの模範とならねばならないという図式が成立しており、この点は日本の天皇とかなり異なる位置にあったといわねばならないだろう。

ヨーロッパにおける国家論の根底にも罪の問題があった。西欧の国家には、近世にいたるまでアダムとイヴの楽園追放以来人間が罪にまみれ、神の怒りをかった結果、支配・被支配の体制が不可避なものとなったという考え方が太い線となって流れていた。そのような国家論は中世になると変ってゆき、この世の国家は神の支配のもとにあるものと理解されるようになり、国家は個々人の救済のための機関として位置づけられていった。この点でローマ教皇権がフランク王朝と深くかかわり、キリスト教化されたローマの宇宙観のなかにフランクの王権を位置づけていったことは、後の展開にとってとても大きな意味をもっていた。

カール大帝〔七四二～八一四。フランク王国国王：在位七六八～八一四〕は、征服した地域をキリスト教化する伝道師の如き役割を果したのである。彼のカロリング・ルネッサンスは単なる学芸の復興であっただけでなく、旧来の伝統的な共同体や家・氏族の絆のなかで生きていたゲルマンの人たちの生活に、新しいキリスト教の枠を与えようとする試みでもあった。その意味でカロリング・ルネッサンスは、民衆教化の重要な手段だったのである。ここで学芸と伝道は深く結びついていた。

民衆教化のために、教会は早くから告解の手引書をつくっていた。それが「贖罪規定書」である。ゲルマン古来の迷信的世界のなかで暮らす人びとの日常生活の細部にいたるまで点検し、ひとつひとつの行動を裁き、パンと水だけで過ごす償いの生活を科す、罪の告解と罰のための手引書であった。この手引書を読むと、この時代（八〜十三世紀）になおゲルマン古来のさまざまな呪術や魔術が生きていたことが解るのである。ひとつの宗教による政治体制がこれほど一人一人の個人の日常生活の細部にまで介入した事例は、他にはみられないのではないだろうか。この介入の仕方も告解を強制しながら、告解をするのは個人であり、個々人の自発的意志に基づいている限りで、個人の人格を認めることを前提にしている。

そこで問題になるのは罪である。罪とはいったい何か。これはキリスト教の聖書に基づいてくり広げられる壮大な生活のモデルに基づくものである。「贖罪規定書」の個々の条文を読むと、その全貌がみえてくるであろう。罪の規定は七つの大罪（傲慢、嫉妬、憤怒、怠惰、強欲、暴食、色欲）その他さまざまであるが、罪の意識を個々人に植えつけるため最も大きな手段となったのが、死後の世界のイメージである。

ゲルマン民族の原初の世界意識を伝えるエッダやサガには本来天国・地獄の図式はなかった。彼岸はあったし、死者の国のイメージもかなり具体的なものであった。しかし現世での善行・悪行が清算される場としての天国や地獄のイメージは、あとからキリスト教によって導入されたものである。そのことを最も明瞭に示しているのが死者のイメージである。ヨーロッパにおける死者のイメージは、キリスト教の導入以前と以後とで本質的に変っている。粗野でたくましい死者と、哀れな姿で生者に救いを求める死者の、二つの極端なイメージが中世の中頃を境にしていれかわっている。

私たちはヨーロッパ文明の根幹にあるものを解明しようとするとき、最終的には死生観の変化にゆきつかざるをえないわけであるが、それは死のイメージの形成であると同時に生のイメージの変化でもある。ひとつの文明が形成されるということは、最も深いところで生と死のイメージが変化するということを意味している。

ヨーロッパ文明が成立する時期に人びとの生に対する態度がどのように変っていったのか、その変化の様相を具体的に知るために、私たちはヨーロッパの人びとの心的構造の中に深くわけいらねばならないだろう。そのために本書においてはまず、死者のイメージの変化から観察をはじめたい。死者のイメージの変化を出発点として、ヨーロッパ文明が成立してくる時期のさまざまな問題が浮かび上がってくる。私たちはそのとき、ヨーロッパにおけるエリートの文化と民衆文化の関係についても、考えを深めていかなければならなくなるであろう。

目次

西洋中世の罪と罰

西洋中世の罪と罰

亡霊の社会史

第一章　古ゲルマン社会の亡者たち

生者と死者の関係のあり方は、時代とともに変化している。生きることと死ぬこととの境界が、現代とはかなり異なっていた時代があった。現代と異なっていただけでなく、生と死のあり方が大きく変化していった時代もあった。[1] 中世の中頃における死者のイメージは大きく変化し、生者に危害を加えたり生者を守ってくれる死者のイメージから、生者に救いを求める哀れな死者のイメージへと変化している。本章においては、死後に生き続け、生者を守ったり、あるいは生者にときには害を与える死者の姿から、みていくことにしよう。「アイスランド・サガ」のなかの「片手のエギルと暴漢殺しのアスムンドのサガ[2]」に次のような話がある。

＊　　＊

生者が墓に入る話

《アランとアスムンドは互いに厚い友情の絆で結ばれており、あるとき次のように誓いあった。どちらかが先に死んだ時は、生き残った者が死者と共に死後三日間墓の中で過ごすことを誓ったのである。アランが死んだので、アスムンドは丘の墓の中に馬や犬、鷹などを副葬し、誓いを守って自分も共に墓に入った。最初の夜、アランが犬と鷹を貪《むさぼ》り食うのを見た。次の夜には馬まで食べ、それだけではたりずアスムンドにも一緒に食べないかと誘い、顎から血を滴らせながら恐ろしい目つきをしたのである。三日目の夜、死者は、うとうとしていたアスムンドに襲いかかり、耳を食いちぎった。アスムンドは目を覚まし、死者と戦い、ついに死者の首を切り落とし、死体を焼いた。》

＊　＊

まったく同じ話を伝えているサクソ・グラマティクス〔一一五〇頃〜一二二〇頃。中世デンマークの歴史家〕によると、アスムンドが墓から出てきたとき、墓の腐肉が身体にまとわりつき、恐ろしい姿であったと語っている。この話は、後に普及する吸血鬼のモチーフと似ているが、オーセベル船〔ノルウェーの墳丘墓から発見された九世紀頃のヴァイキング船〕のなかに馬一三頭、犬六頭、牡牛二頭その他の副葬品が発見されていることからみて、死者も彼岸において現世と同じ食物を必要とすると一般的に考えられていたことは確かであり、それを具体的に描写するとこの話のようになるのであろう。ただこの話では、二人とも現世の友情が死後も続くと確信していたのに、現実には死後のアランは生前のアランとは違っていたのである。

だがそれよりも注目すべきことは、アランが死んだときアスムンドが躊躇《ちゅうちょ》せずに墓に入ったことである。アスムンドには生前の誓いを守るというだけでなく、墓に入ることが現代の私たちの感覚とは違って、それほど不自然なことではなかったのではないかと思われるふしがあるからである。この話では人間が墓の中に入るのであるが、亡者が墓から出てきて人間に害を加える話とは、やや筋書きが違う話とみなければならないだろう。

次に、「ラックサー谷の人びとのサガ」から一例をみよう。

＊　＊

殺しのフラップが死んで幽霊に出ること[3]

《フラップはますます性悪で手に負えぬ者になっていったといわれる。今では隣り近所の者たちにのべつ暴行を働いたので、彼らはほとんど身を守ることができぬほどだった。だが、オーラーヴが成長してからはフラップはソールズに少しも手出しができなかった。気質が変ったわけではなかったのだが、寄る年波には勝てず力も弱くなり、やがて床に臥すようになった。フラップは妻のヴィーグディースをそばに呼んでいった。

「俺は一度も病気などかかったことはなかった。だからこの病気で俺たちが一緒に暮せるのも多分終りじゃなかろうか。ところでだ。俺が死んだら台所の敷居の下を掘って墓をつくらせ、立ったまま敷居の下に葬ってもらいたいのだ。そうすればずっと念入りに家の監視ができるからな」

こういい残して彼は死んだ。万事彼が命じた通りにされた。そうせずにおく勇気はとても彼女にはなかったからだ。さて生前も始末が悪かったが、死んでみると余計始末に負えなかった。というのはよく幽霊になって出たからだ。出てきては召使の多くの者を殺したという噂だった。近所に住んでいる多くの人びとに大変な迷惑をおよぼした。――フラップの妻ヴィーグディースは西の兄のソルスティン・スルトのところに移った。彼は彼女とその財産を引きうけた。

さて人びとは以前と同じようにホスクルドのところにやってきてフラップが人びとにかける迷惑を訴え、何とかして助けてくださいと頼んだ。ホスクルドはそうせねばなるまいといって数名の者を伴ってフラップスタジルに出かけ、フラップを掘り出させて近くに動物の通る道も人の通る道もないところに運び去らせた。こうしてから

はフラップの幽霊が出ることはかなり少なくなった。》（『アイスランド　サガ』谷口幸男訳）

＊　＊

この話で注目しなければならないのは、殺しのフラップが生前すでに性悪で手に負えない男であり、隣り近所で暴行を働いていたという点である。しかしながらフラップは、自分の死を悟るや、自分の死体を自分の家の敷居の下に埋めるように妻に頼んだ。家を守るためなのである。生前に共同体に受け入れられなかった者が、亡者となって生前と同じ行動をする。彼は、自分の家を守るためにそのような行動をとるのである。しかしその行動は生者にとっては迷惑な行動となり、死者がすでに生者とは異なる世界に生きていることが示されることになるのである。

次に、ウォルター・マップ〔一一四〇頃～一二一〇頃。中世イギリスの物書き。『宮廷閑話集』（*De Nugis Curialium*）を著した〕のまったく異なった話(4)をみよう。

＊　＊

死者が妊娠すること

《ある若い靴屋が、高貴な女性に一目惚れしてしまった。その女性に相応しい身分を得ようと思って、靴屋は戦争に出かけていった。ところがその女性は突然死んでしまったのである。靴屋は彼女の墓まで出かけ、死体を掘り起こして死体と交わった。そのとき死者にしかるべき期間が過ぎたら、生まれた子どもを引き取りにくるようにといわれた。そこで九ヵ月後、靴屋は墓を掘って死者から人間の頭を受け取ったが、ただしこの頭は彼の敵にしか見せてはならないと厳しく命じられたのである。彼の敵がその頭を見ると、硬直して死んでしまったので、こうして彼は敵を一掃し大きな権力を得た。》

＊　＊

おそらくそれは、ゴルゴンあるいはメデューサの首のようなものであったのだろう。靴屋は死んだ皇帝の女相続人と結婚し、彼女には秘密を打ち明けた。彼女はその話が本当かどうか知りたくて、夫が目覚めたときその頭を夫に見せた。夫は死に、妻はその頭を海に投げ捨てた。その頭が沈んだ海には大きな渦が起ったという。

奇怪な話であるが、死者が生者との間に子をもうける話は各地にあり、死者が姿を変えながらも生き続けていることを示している。この死者は妊娠する能力があるのだが、生まれた者が人間の子ではないところにこの話の奇怪さがある。

以上三種ほどみた話はいずれも、死後も生き続けながら、生者に場合によっては害を加えたり、恩恵を与えたりする死者の話であるが、「アイスランド・サガ」に出てくる死者は以上の話の第二話に近いものが多く、ほとんどは生者にはなはだしい害を加える死者の話である。生者と死者の関係をみるうえで最も大きな意味をもっているのは、生者に害をなす死者たちなのである。その話をいくつかみることにしよう。やや長いが「エイルの人びとのサガ」（八八四～一〇三一年頃の出来事を一二三〇年頃に書き起こしたもの）からソーロールヴ・ヒンケフスの話[5]をみよう。

＊　　＊

ソーロールヴ・ヒンケフスの話

《足の悪いソーロールヴは夕方家に帰ったが、誰とも口をきかなかった。高座に腰をおろし、夕食は何もとらなかった。人びとが就寝する時にもまだそこに坐っていた。だが翌朝人びとが起きた時、ソーロールヴは相変らずそこに坐っていたが死んでいた。そこで主婦（妻）は人をアルンケルのところにやって、ソーロールヴの死を伝えた。そこでアルンケルは召使数人をつれて馬でフヴァムに行った。そしてフヴァムに着くとアルンケルは父が死んで高座に坐っていることを知った。

だが人びとはみな恐れた。彼の死が誰にとっても不快なものに思われたからだ。そこでアルンケルは部屋の中に入り、壁際に沿ってソーロールヴの背後にまわった。彼はみなに、まだ死者の眼鼻などをふさがぬうちに前から彼に近づかないように警告した。それからアルンケルはソーロールヴの肩をつかんだが、下におろすまでに恐ろしく力がいった。それからソーロールヴの頭から布をかぶせ慣習通りに扱った。その後でアルンケルは死体の背後の壁を壊して外へ運び出させた。それから牡牛を橇《そり》の前につけ、ソーロールヴをそれにのせてソールスアー谷に運び上げたが、予定のところにくるまで大骨折りだった。そこで彼らはソーロールヴを念入りに埋葬した。

その後アルンケルはフヴァムに帰り、そこにある、父の所有していた財産を残らず手に入れた。アルンケルは三日間そこにいた。その間別に変ったことは起らなかった。それから彼は帰宅した。

足の悪いソーロールヴの死後、日が沈むともう人びとの多くは外を出歩くのが物騒になった。夏が過ぎるとソーロールヴがじっとしていないことに人びとは気づいた。日が沈むと外にいるのは安全でなくなった。それればかりかソーロールヴを運んだ牡牛たちは怪物《トロル》にのりまわされ、またソーロールヴの墓塚の近くにきた家畜は残らず頭がおかしくなって死ぬまで吼《ほ》えた。フヴァムの羊飼いはよく家に帰る時ソーロールヴに後を追いかけられた。

秋になるとフヴァムで羊飼いも家畜も帰ってこないということが起った。そして翌朝探しに行ってみるとソーロールヴの墓塚の近くで羊飼いが死んでいるのが見つかった。全身炭のように黒く、両脚は砕かれていた。彼はソーロールヴのそばに埋葬された。谷に行っていたすべての家畜は一部は死んで見つかり、一部は山に走りこんで二度と見つからなかった。鳥がソーロールヴの墓塚の上にとまると死んで下に落ちた。

こういったことがますますつのったので、谷に家畜を放牧にやろうとする者は一人もいなくなった。しばしば夜中にフヴァムでは外で物凄い騒音がきこえ、よく屋根の上まで馬を駆ってのぼっている者がいるのに人は気づいた。そして冬がやってくるとソーロールヴは再々自分の屋敷に姿を見せるようになり、特に妻を狙った。男たちの多くも被害をうけたが、妻はほとんど発狂せんばかりだった。こうして遂に妻は死んだ。彼女もソールスアー谷に運ばれ、ソーロールヴのそばに埋葬された。このことがあってから人びとは屋敷から逃げ出した。

ソーロールヴは今や谷のいたるところに出没するようになり、谷にある屋敷という屋敷を荒した。このように彼の出現はつのり、ある者は彼に殺され、ある者は逃げ出した。そして死んだ者たちは皆ソーロールヴと一緒になって出てきた。人びとは今やこのような窮状を大いに嘆き、アルンケルがどうにかしてくれなければいけないと思った。

アルンケルはほかよりもそこにいたいと思う者はすべて自宅に招待した。アルンケルのいるところではソーロールヴとその一味の害はなかった。こうして誰もかれもみなソーロールヴの出現を恐れたので、たとえ用事があっても、冬には出かける勇気のある者はいなくなった。

冬が去り、よい春がめぐってきた。大地が凍結からとけると、アルンケルは人をカールススタジルのソルブランドの息子たちのところにやって、一緒にきてソーロールヴをソールスアー谷から運んで、どこかほかの埋葬場所へ移してくれるように頼んだ。現在と同じように、もし要請をうけた場合には死者を埋葬地まで運ぶことは法律上すべての人びとの義務だった。

だがソルブランドの息子たちはこれをきくと、誰も自分たちを強制してアルンケルやその家の者の災難をはらわせることなんかできない、といった。

すると百姓のソルブランドが答えた。

「すべて法律で義務があるとされていることはしなければならぬ。しかも今このことを要請されている。それを断わってはならぬ」

そこでソーロッドは使いの男にいった。

「行ってアルンケルにいうがいい。われわれ兄弟を代表して俺が行く。俺はウールヴァルスフェルに行くからそこで会おう、と」

さて使いは戻ってアルンケルに伝えた。彼はすぐに出かける支度をした。総数一二名だった。彼らは車と掘る道具を持参し、まずウールヴァルスフェルに行き、そこでソーロッド・ソルブランズソンに会った。彼らはあわせて三名だった。一行は出かけ、丘を越え、ソールスアー谷のソーロールヴの埋葬場所まで行った。そして塚をあけてみるとソーロールヴは全然腐っていないで、見るも恐ろしい様子をしていた。

彼らは彼を墓からもち上げ、橇にのせ、二頭の逞《たくま》しい牡牛を前につないでウールヴァルスフェルの丘の上に引っぱった。ところがその牡牛は疲れ切ってしまい、ほかの牛に代えて丘の上に引っぱった。アルンケルはヴァジルスホヴジにもって行ってそこに埋葬しようと思った。ところが一行が丘の縁にきた時、牡牛たちが狂ったようになり、車から身を振りはなすとすぐに丘を駆けくだり、斜面に沿ってウールヴァルスフエルの屋敷へ走り、さらに海に向かい、そこで二頭とも死んだ。

しかしソーロールヴは非常に重かったので動かしたといえるほど動かせず、近くの小さな丘の上に彼を運び、そこに埋葬した。そこは以後ベーギフォーツホヴジ（足悪の岬）と呼ばれている。それからアルンケルは、塚の上の方から岬を越えて、ただ飛ぶ鳥しか越えられないほど高い塀をまわりにめぐらさせた。その跡は今でも見られる。さてそこでソーロールヴはアルンケルの生きている間はずっと静かだった。――

その頃アールプタフィヨルドにソーロッド・ソルブランズソンが住んでいた。彼はウールヴァルスフェルとエルリュグススタジルの二つの土地をもっていたが、その頃足悪のソーロールヴの幽霊がまたぞろひどく現れるようになったので、人びとはその土地には住むことができないと思った。アルンケルが死ぬとソーロールヴがすぐに現れ始め、人と家畜を殺したために、ボールスタズは住む人がいなくなっていた。このためそこに行って住もうという勇気のある者は一人もいなかった。だがそこがすっかり荒れ果ててしまうと、足悪のソーロールヴはウールヴァルスフェルまで行き、そこで大変な災いをひき起した。そして足悪の男に気がつくと民衆はみな縮み上った。

そこで一人の百姓がカールススタジルに行ってソーロッドにこの災難を訴えた。百姓は彼の小作人だったからだ。そして、もし何らかの対策が講じられないなら、全フィヨルドの人も家畜も残らず根絶やしにするまでソーロールヴは出るのをやめないだろうというのが人びとの考えだといった。

「何も打つ手がないなら、わたしはあそこにこれ以上住むことはできません」

ソーロッドは話をきくと救済策は容易でないと思った。翌朝ソーロッドは馬を用意させ、召使たちに同行を命じ、また近くの屋敷からも同行者をつのった。こうして彼らはベーギフォーツホヴジに向かい、ソーロールヴの墓塚まで行った。それから墓をあばくと、そこにソーロールヴがいた。彼はまだ腐っていないで、見るからに化物のようで、死の女神（ヘル）のように青黒く、牡牛のように肥っていた。彼らはソーロールヴを動かそうとしたが、その場から動かすことができなかった。

そこでソーロッドは死体の下に棒をさしこんで、墓から出し、それから死体を岸の方へころがしてゆき、そこで大きな火葬の薪の山をつみ上げ、これに火をつけ、ソーロールヴをそこにころがしこんで、冷たい炭になるまで燃やした。ソーロールヴに火がつくまでかなり長い時間がかかった。強い風が吹き、焼却がすむと遠くの方へ灰を散らした。だが集められるだけの灰は海にまいた。そしてこの仕事を終えると家へ帰った。ソーロッドがカールススタジルの家に帰った時はちょうど夕食時だった。

女たちは夕食の支度にかかっていた。ソーロッドが搾乳場に馬で行くと、一頭の牝牛が彼の下にとびこみ牛は脚を骨折した。牛をつかまえてみると、ひどく痩せていて処分するにはむいていないように思えた。そこでソーロッドは脚に繃帯《ほうたい》をした。だが牝牛はもはや何の役にも立たなかった。

ところで牝牛の脚が治ると肥えさすためにウールヴァルスフェルにつれて行かれ

た。そこには水辺の低地のようによい牧草地があったからだ。牝牛はよく、以前火葬の薪の山のあった海岸に下りていった。そして例の灰のかかった石をなめた。ほかの人びとの話によると、島の人たちが干魚の荷をもってフィヨルド沿いに航行していた時に丘の上に例の牝牛を見た。それに連銭葦毛《れんぜんあしげ》のもう一頭の牡牛がいたが、それは思いもかけぬ珍しい牡牛だった。

秋にソーロッドはその牝牛を殺そうと思った。だが人びとが探そうとするとどこにも見つからなかった。ソーロッドは秋の間何度か牝牛を探させたがどこにも見つからなかった。死んだか盗まれたかしたのだろうと人びとは思った。ユール〔ユーリ。クリスマス〕にほど近いある朝早く牛飼いがいつものように牛小屋に行ってみた。すると小屋の扉の前に牛が見えた。それでいなくなっていた脚の折れた牝牛が帰ってきたのかなと思って、それを牛小屋の中につれて行ってつなぎ、それからソーロッドに報告した。ソーロッドは小屋に行って牝牛を見、手でさわってみた。彼らは牝牛が仔を孕んでいることを知った。それで殺すのは適当でないと思った。その時にソーロッドは家で必要とするだけの家畜を殺していた。

春の夏に近い頃、牝牛は仔牛を産んだ。牝牛だった。それからしばらくしてまた仔牛を産んだが、それは牡牛だった。難産だった――それは非常に大きかったのだ

――。それでまもなく母牛は死んだ。その大きな牡牛は小屋に入れられたが連銭葦毛で非常に価値があった。前に生まれたのをあわせ二頭の仔牛が小屋の中に入っていた。

一人の老婆が部屋にいた。これはソーロッドの乳母で、その頃は盲目になっていた。昔は未来が読めるといわれたものだが、年をとってからはものをいっても耄碌《もうろく》したと思われていた。だが老婆のいうところのうちかなり多くのことが現実になった。さてその大きな仔牛を床につないだ時、それは大きな声で吼えた。

老婆はその声をきくとびっくりしていった。

「これは化物の叫び声だ。並の動物の吼え声じゃない。どうかこの化物を殺してください」

ソーロッドはその仔牛を処分することはできん、といった。大変育てがいのある牛だ、立派に育て上げたらすばらしい牛になるだろう、といった。その時仔牛はもう一度吼えた。

すると老婆はこう叫んで全身をわなわなふるわせた。

「わたしの育てた子よ、あの仔牛を殺させなさい。あれが育ったら悪いことばかりに見舞われることになりますよ」

彼は答えた。

「乳母さん、どうしてもそうしてくれというなら、あの仔牛を処分しましょう」

こうして二頭の仔牛が引き出された。ソーロッドは若い牝牛の方を殺させ、もう一頭の方は納屋の中につれて行かせた。そして老婆にはあの仔牛が生きていることを誰にもいわぬように固く口止めした。この牡牛は日ごとに大きくなり、春になって外に出した時には、冬の初めに生まれたものに少しも劣らなかった。外に出ると家の牧草地をかけまわり、成牛と同じような大きな声で吼えたので家の中ではっきりききくことができた。

老婆はいった。

「まだあの化物は殺されていなかったのですね。わたしたちはあれのために口でいえないほどの災いを蒙るでしょうよ」》（谷口幸男訳。一部語句を改めた）

＊　＊

この話は先の三つの話とはかなり異なっているが、「アイスランド・サガ」にはこの種の話はきわめて多い。ここではソーロールヴの身体は埋葬された後も腐ることなく、人間や家畜を殺す力をもち、焼かれて灰になっても、その灰を舐めた牛の中に再び生まれ変るほどの力をもっている。通常の話では死体がさまよい歩き、人間に害を加える場合には死体を掘り起こし、首を切り、その首を死体の脚の間においておけば、二度とさまよいでることはないとされている。それでもだめな場合は死体を焼き、灰を海に流すことによって、最終的にさまよい出る可能性を絶つことができると考えられていた。しかしソーロールヴには、そのいずれの方法も無効であった。なぜこれほどまでに、ソーロールヴは現世に執着したのだろうか。

ここで注目すべき点は、息子のアルンケルがいるところには現れなかったことである。ソーロールヴにとっては死後も肉親の絆は大変強く、息子が生きている間はおとなしくしていたのである。しかし息子が死ぬと、再び暴れ出した。なぜそれほどの執着を示したのか、その点についてルクートー〔一九四三〜。フランスの歴史学者。中世史・ゲルマン史の専門家〕は、ソーロールヴが生前にフヴァムの一帯を自分の土地として支配しようとして成し遂げられなかったためであるとしている。[6] 叶えられなかった生前の夢を、死後になっても追求している亡者の姿をここにみるのである。

この話でもうひとつ注目すべき点は、ソーロールヴがとりついて殺した者がソーロールヴと同様にさまよい出てくる点である。彼らは一隊となって生者を襲うのである。この光景は十一世紀以降の文献に出てくる荒野の軍勢（Wildes Heer ＝荒野の狩人）を想起させる。荒野の軍勢については数多くの叙述があるが、オルデリクス・

ヴィターリスの『イギリスとノルマンジーの教会史』[7]の記述がおそらく初出である。荒野の軍勢に加わっている死者たちは、罪人、犯罪者、洗礼を受けずに死んだ幼児、終油の秘蹟を受けずに死んだ者、悔い改めをしない者たちで、先頭には白髪の老人あるいは片眼の巨人が歩いているといわれている。いずれも生者に害を加える恐ろしい死者たちの群れなのである。

荒野の軍勢については、ウォルター・マップが少し変った話を伝えているので[8]、紹介しておきたい。

＊　＊

荒野の軍勢

《ヘルラ王と供の者は小人の結婚式に招待され、洞穴の中に入っていった。宴会ののち帰ろうとすると、小人の親が馬と犬と鷹をくれた——これらはしばしば墓の副葬品となる動物である。小人はヘルラ王と供の者を洞穴の外に案内し、小さな猟犬を王に与え、皆に犬が地面に飛び降りるまでは馬から降りてはいけないといった。

王たちは洞穴から出たとき、一人の羊飼いに出会い、小人のところで過ごした三日の間に地上では二〇〇年もたっていることが解った。何人かは小人の忠告を忘れて馬から降りたが、その瞬間埃となって散ってしまった。ヘルラ王は他の者に、犬が地面に飛び降りるまでは馬から降りてはいけないと命じた。しかし犬はまったく地面に飛び降りることなく、ヘルラ王は軍勢と共に永久に馬を走らせているのである。》

＊　　＊

すでに述べたように、死者がさまよい出てくるのを防ぐために死者の首を切断し、両脚の間に置くというやり方が知られていたが、頭がなくなっても歩き回る死者もいた。その例をみよう。

＊　　＊

「スヴァルファルスダルのサガ」には次のような話がある。(9) 書きとめられたのは一三〇〇年頃だが、この話そのものははるかに古いものである。

《イングフィルドは兄弟のグリスとリートルフに頼んで、夫のクラウフィを殺させた。兄弟は死体を乾草の下に埋めた。その夜イングフィルドが寝ていると、突然クラウフィが彼女の目の前に立っていた。彼女は兄弟を呼んだ。兄弟は亡霊と戦い首を切り、頭を脚のところに置いた。

ある夜、赤毛のカールが火のそばに坐っていたところ、誰かの声が聞こえた。それはクラウフィの声であった。カールはそばにいた八人の男と共に、武器をもって外に出た。そこには自分の頭を手にもったクラウフィがいた。皆はクラウフィの跡を追ってシュタインドゥールまできた。そこでクラウフィは立ち止まり、頭で戸を叩いた。カールは敷地に入り、ついで家の中にも入った。そこでイングフィルドの兄弟のグリスに出会った。カールはクラウフィの死について詳しく聞こうとしたが、グリスは何も答えず、すぐに部屋から出ていってしまった。そこへクラウフィの姉妹のジーグフリートが兄弟の剣を手にもって入ってきて、それをカールに渡した。カールは外に出てグリスの剣の柄が脂で染まっているのをみて、グリスを殺した。

カールの一隊がシュタインドゥールから離れたとき、クラウフィが現れていった。「カール、今夜は俺のためにお前たちの多くの者が地の下に来ることになるぞ」そこには一五人ほどの人びとがいた。リートルフとその仲間たちであった。すぐに激しい戦いとなり、クラウフィも戦いに加わって自分の頭で激しく打ちまくった。リートルフと仲間たちは逃げようとしたが、クラウフィが道をさえぎり、特にリートルフに打ってかかった。リートルフは近くに住むスキディに助けを求めた。スキディは声を聞いてとびおき、家から走り出ようとした。ところが家の前にクラウフィが立ちはだかり、道をふさいでいた。スキディは燃える薪をとって屋根に火をつけた。クラウフィは燃えさかる炎を前にして、消えざるをえなかった。スキディは戦闘の場に行き、両者を離れさせた。リートルフは逃げのびた。

　ある日、グンナールとカールは家の前に立っていた。カールは空を見上げて、真っ青になってこういった。「従兄弟のクラウフィが灰色の馬に跨がって空を駆けてゆくのが見えた。橇が一台あとをついていったが、その上には俺がいたように思うよ」すると空にクラウフィの声が響いた。「お前は今日の夕方俺と一緒に家に戻るのだ、カール」そのすぐあとでカールは待ち伏せにあって死んだ。リートルフの友人が彼の生命を奪ったのだった。

　後にリートルフは奇怪な死に方をした。牧草地の上手の恐ろしい穴の中に横たわっているのが発見されたのである。クラウフィの剣を鍛え直してつくられた短剣で刺されていた。

　クラウフィはまたさまよい始め、彼の起こす暴力沙汰は際限がなくなった。人を殺し、家畜も殺した。従兄弟が何人かの仲間とクラウフィの墓に行き、墓を掘って死体を掘り出した。それは腐敗していなかった。死体は大きな薪の山の上で焼かれ、灰を集めて鉛の箱に入れ、二本の鉄の止め金でとめ、熱い温泉の中へ投げ込んだ。こうして亡霊がさまようことはなくなった。クラウフィが焼かれた崖は二つに裂けてしまった。》

＊　＊

この話の場合もサガに典型的な内容で、死者は復讐のためにさまよい出る。従兄弟のカールの手に余ったので、死者は自ら復讐を遂げたのである。クラウフィが頭を切り落されても頭をもって蘇るところは特異な点であり、また燃える火に弱いところも注目すべき点である。クラウフィはあたかも犯罪者の死体のように焼かれ、鉛の箱に詰められて水中に投げ込まれた。

ルクートーによるとノールウェーの法では、犯罪者、主人を裏切った者、殺人者、自殺者、平和を乱した者、盗賊などは、海と緑の草地が接するところ、つまり波打際に埋められたが、通常の死者は聖なる土地に埋葬されねばならないと定められていたという[10]。クラウフィは妻の兄弟に殺された被害者にすぎない。しかし死後クラウフィは復讐するだけではたりず、復讐が終わったのちも殺人をやめず、現世に出没した。その段階でクラウフィは悪《あ》しき死者に変貌しており、そのために処置が必要となったのである。死者が復讐するのは当然のことと考えられていたが、死者の世界は人間には制御しえない領域にあり、死者が悪しき霊に変身したときには、それなりの処置が必要だったのである。

「アイスランド・サガ」の世界においては、生者と死者は以上みたようにきわめて強い絆で結ばれていたが、生者が死者を裁いた話が残されている。「エイルの人びとのサガ」に次のような話がある。(11)少し長くなるが、紹介しよう。

生者が死者を裁く

＊　＊

《ソルグンナは夕方家に帰り、自室に行き、血のついた服を脱ぎ、ベッドに横になると激しく呻《うめ》いた。病気になったのだろうと人びとは思った。あのにわか雨はフローザー以外のところにはどこにも降っていなかったのだ。ソルグンナは夕食は何もとろうとしなかった。翌朝百姓ソーロッドが彼女のところに行き、容態はどうかと聞いた。彼女はこれ以上悪くなることはないだろうと思うといった。

それから彼女はいった。

「あなたはこの屋敷で一番賢い方だと思います。それであなたにわたしが後に遺す財産やわたし自身の身についてもっていただきたい手配をお伝えしておきたいと思います。といいますのは、わたしに特別変ったことは認められなくてもわたしが申し上げる通りになるでしょうから。わたしのいう通りにしないと碌《ろく》なことにならないと思います。ことがこうなった以上、慎重な処置をとらなければよい結果にはならないと思うのです」

ソーロッドは答えた。

「このことであんたのいうことが的を射ていると思えんでもない。だからあんたのいう通りにすることを約束するよ」

ソルグンナはいった。

「もしこの病いで死んだらスカーラホルトに運んでいただきたいというのがわたしの遺志です。といいますのはあの場所は日ならずしてこの国で一番有名なところになるような気がするからです。それにあそこには今わたしに死者のミサを歌ってくださる司祭さまがおられることを知っています。わたしをそこへ運んでくださるようにお願いします。その代わりにそのことで損をなさらないようにわたしの財産からとってください。まだ財産を分けないうちに、その中からわたしの緋のマントをスリーズに差しあげてください。そうするのは、ほかの財産をわたしの好きなように処理することに反対してほしくないからです。でもわたしのかかりには、わたしの決めるものの中からあなたが望むだけのもの、それとも奥さんの気に入るだけとってください。黄金の腕輪がありますが、これは一緒に墓までもたせてください。でもベッドとカーテンは火で焼いてほしい。これは誰の益にもならないでしょうから。そしてわたしがこういいますのも、誰かに役立つことを知っていながら利用させたくないという心からでなくて、わたしの指図通りにしないと――そうなると解っているのですが――大きな災いを人びとが蒙《こうむ》っては困ると思うのでこのようにしつこくいうのです」

ソーロッドは彼女の願い通りにすることを約束した。その後ソルグンナの病いは重くなり、数日臥せった後死んだ。死体はまず教会に運ばれ、ソーロッドは棺をつくらせた。――

その後、葬式の行列の準備がされ、死体の供をする信頼のおける人びとと、ソーロッドの馬が選ばれた。死体はリンネルの布でつつまれ、だが縫いとじられないで、棺の中に入れられた。それから彼らは荒地を越えて道を南にとった。途中のことについては彼らが南のヴァルビャルナルヴェリルの辺りにくるまで話はない。そこで彼らは非常に地盤の弱い沼地にぶつかり、何度も足をとられた。それからさらに南のノルズラーにむかい、その川を越えてエイヤルヴァズにやってきた。川は深かった。嵐と豪雨があったのだ。

彼らは結局スタヴホルストゥングルの低岬と呼ばれる屋敷にやってきた。人びとはそこで宿を借りようといったが、主人はしぶった。だが、もうその頃は夜になっていたのでこれ以上行くのは無理だと彼らは思った。夜フヴィーター（川）を渡るのは危険だと思ったからだ。そこで馬から鞍などをはずし、死体は外の戸口の前の小屋の中に運んだ。それから部屋に行き、服を脱いで、夜は食事抜きで過さなければならないなと思った。家の人は日のあるうちから就寝していた。

さて彼らがベッドに入った時、小屋の中から大きな物音がきこえた。泥棒でも侵入したのではないかと調べようと思って、人びとが小屋のところまできてみると、大女が眼に入った。女は一糸まとわぬ裸だった。女は食事の支度に没頭していた。女を見ると人びとはぎょっとして近づこうとする勇気のある者はいなかった。棺を運んだ人たちはこれを知るとそこへ行って、何が起ったのかを見た。そこに現れたのはソルグンナだった。それで彼女とかかわらないのがいいと皆は思った。さて彼女は望みのものを手に入れると部屋に食物を運んだ。その後テーブルを置き、その上に食事の用意をした。

そこで棺を運んだ人びとは主人にいった。

「われわれが別れる前に、あなたがわれわれにもてなしをしようとしなかったことが高くついたと思うようになるでしょうよ」

すると主人と主婦がいった。

「よろしい、食事をお出ししましょう。ほかに必要なおもてなしもいたしましょう」

そして主人が彼らをもてなし始めるや否や、ソルグンナは部屋を出、戸口から外に出ていってその後は姿が見えなくなった。それから部屋に明かりが点《とも》され、客たちの濡れた服は脱がされ、乾いたものに着がえさせられた。それから一同は食卓について食物に十字の印を切った。だが主人は家中に聖水をふりかけさせた。客人たちは食事をとったが、ソルグンナの食事を用意したにもかかわらず、誰も身体にさわったものはいなかった。それからその夜は寝たが、いたれりつくせりのもてなしだった。

翌朝彼らは出発の支度をし、それは大変順調に進んだ。例のできごとの話が広まったところでは、大抵の者は彼らの必要とするもてなしをする方がよいと思った。その時から彼らの道中は何の支障もなかった。そしてスカーラホルトにやってくると、ソルグンナがそこに寄付した高価な品が引き渡され、司祭はすべてを喜んでうけた。ソルグンナはそこに葬られ、棺を運んだ人は帰宅したが、帰途は何事もなく無事に家に帰った。

フローザーには大きな台所があり、台所の奥が当時の習慣で鍵のかかる寝室になっていた。台所の手前には両側に二つの部屋があった。一方には干魚、もう一方の部屋には粉が積まれていた。その台所では当時の風習で毎晩台所の火が点じられ、人びとは食事に行く前に火のそばに坐った。棺を運んだ人びとが家に帰り、人びとがフローザーの火を囲んで坐った時、家の壁の板張りに半月が現れたのが見えた。それは家の中にいた全員が見ることができた。それは太陽の動きとは反対に家のまわりをまわった。それは人びとが火のそばに坐っている間消えなかった。ソーロッドは義足のソーリルにこれは何を意味するのだろう、と尋ねた。ソーリルは、これは不運の月だ、「ここで沢山の人が死ぬことになるだろう」と、いった。不運の月が毎晩現れるといったこの出来事は続く週にも起った。

その後まもなく羊飼いが何も物をいわないようになって帰ってくるという事件が起った。ほんのわずか喋ったが、それもいやいやというふうで、人びとはてっきり彼が物の怪《もののけ》にでもつかれたのだろうと思った。というのは彼は一人で歩き、自分自身を相手に話をしたからだ。このような状態はしばらく続いた。だが冬に入ってまもなく、その羊飼いはある晩家に帰ってくると、すぐにベッドに行き、横になった。そして翌朝になって人びとが彼のところへ行ってみると死んでいた。彼はそこの教会墓地に葬られた。

その後まもなく大変な幽霊騒ぎが起った。ある夜義足のソーリルが小用に家の外に出た。そして家の中へ入ろうと思った時戸口に羊飼いがきているのが眼に入った。ソーリルは中に入ろうとした。だが羊飼いは入れようとしなかった。そこでソーリルはすり抜けて行こうとした。だが羊飼いは後を追い、ソーリルをつかんで家の扉に投げつけた。それでソーリルは気分が悪くなり、自分のベッドまでやってきたが、全身炭のように真黒になっていた。このため彼は病気になり、死んだ。彼も教会墓地に葬られた。

その後、羊飼いと義足のソーリルの二人はいつも一緒に出てきた。このため当然のことながら人びとはみな恐れおののいた。ソーリルの死後ソーロッドの下男が病いにかかり、三日寝た後に死んだ。それからは一人また一人と死に、六人まで死んだ。

ユールの祭〔ユーリの祭。クリスマス〕の前の断食節がやってきたが、当時アイスランドではまだ断食は行われてはいなかった。干魚が部屋の中に山と積まれ、あまり一杯になってドアが閉らないほどだった。それで横梁の下まで積まれ、それを上から使うのには登っていかなくてはならなかった。ある晩、人びとが台所の火のそばにいると、干魚を引っぱり出す音がした。そこで調べてみたが、何も生きものは見つからなかった。

冬、ユールの祭の少し前に、百姓ソーロッドは干魚をとりにネスに出かけた。彼らは総勢六名で一〇漕手席のボートに乗り、その夜は外で過ごした。ソーロッドが出かけた同じ晩に、フローザーでは次のようなことが起った。台所の火は点されたが、人びとがやってくると台所の床から海豹《アザラシ》の首がぬっと出ているのが見えた。一人の下女が最初にそこにやってきてその出来事を見た。女はドアのところにあった棒を手にとると海豹の頭を打った。海豹は打たれるともっと出てきて、ソルグンナのベッドのカーテンの方へ身を伸ばした。

そこへ下男がやってきて海豹を打ちすえた。だが打てば打つほど出てきて、胸びれの上まで出た。それで下男は気絶し、その場にいあわせたすべての者はびっくり仰天した。その時若者キャルタンが走りよった。そして大きな鎚《つち》をふり上げ海豹の頭を叩いた。強烈な打撃だった。しかし海豹は頭をふってまわりを見まわした。そこでキャルタンは続けざまに打った。するとと海豹は退却するように下に沈んだ。キャルタンはなおも打ちすえ、海豹は、鎚がその頭の上で床も一緒に叩くほど下にひっこんだ。こうして冬中いつもこうであったので、すべての幽霊たちはキャルタンを一番恐れた。

ソーロッドとその一行はネスから干魚をもって出発した朝全員エンニの沖で生命をおとした。船と干魚はエンニに漂着したが、死体は見つからなかった。その知らせがフローザーに伝わると、キャルタンとスリーズは隣人たちを葬式に招待し、ユールのビールを葬式用に使った。そして最初の晩、人びとが葬式にきて席についた時、百姓ソーロッドとその一行が全員ずぶ濡れになって部屋の中に入ってきた。人びとはソーロッドを快く迎えた。というのはこれはよい前兆だと思われたからだ。海で死んだ者が自分自身の葬式にやってくるとは、海の女神ラーンに親しく迎えられたことは確実だと当時の人びとは思ったのだ。

当時人びとは洗礼を受け、キリスト教徒と呼ばれていたけれども、まだ古い迷信からほとんどぬけきれていなかったのだ。ソーロッドとその一行は部屋の中を隈《くま》なく歩きまわった。部屋には二つドアがあったが、彼らは台所の方へ行き、誰の挨拶にも答えず、火のそばに坐った。家の者は台所から逃げ出した。だがソーロッドとその一行は火が白い灰になるまでそこにいた。それから消えた。葬式のあった間毎晩こういった状態で、彼らは火のところにやってきた。

葬式でこのことが話題を呼んだ。ある者は葬式が終わればこれもやむだろうといった。招待客は宴が終わると帰っていった。だが家の人びとはかなり重い気持ちで後に残された。招待客が去った晩、いつものように台所の火がつけられた。そして火が燃えるとソーロッドとその一行が入ってきたが、全員ずぶ濡れだった。彼らは火のそばに坐り、服をしぼり始めた。そして彼らが坐りなおした時、義足のソーリルとその仲間六人が中に入ってきた。彼らは全員土ぼこりにまみれていた。服をふって埃をソーロッドたちの方にはたいた。予想される通り、家の者たちは台所から逃げ出した。このためその晩は明りも焼け石も、そのほか火の気は一切なしだった。

翌日の晩は別の棟で火を起こした。幽霊たちはそこへはこないのではないかと思ったのだ。ところがそうはいかなかった。というのはすべて前夜通りのことが起り、両方の幽霊が火のそばにやってきたからだ。三日目の晩にキャルタンが台所に大火《おおび》を焚《た》き、台所の火は別棟で起こしたがよかろうと助言し、その通りにされた。そしてその結果ソーロッドらは大火のそばに坐り、家の者たちは小火のそばで過ごした。こうしてユールの期間は過ぎた。

その頃干魚の山の騒音はますます大きくなってきていた。夜も昼も干魚が引きぬかれるような音がきこえた。その後干魚が必要になった時があった。そこで蓄えのところに行った。そしてその山に登ると不思議なものが見えた。焦げた牡牛の尻尾のようなものが積まれた干魚の間から出ていた。それは短くて海豹の毛が生えていた。荷の山に登った男は尻尾をつかんでひっぱり、ほかの者にも一緒にかかれといった。そこで男も女も干魚の山に登り、尻尾をひっぱったが埒《らち》があかなかった。人びとは尻尾は死んだ動物のものだろうと説明するしかなかった。だが彼らが力一杯ひっぱった時、尻尾は彼らの手からすり抜け、しっかり握っていた人たちの手の平の皮が剝《む》けた。だがその後は尻尾は見えなくなった。そこで干魚をもち上げてみると魚という魚は皮か

グリーンランドのヴァイキングの教会

ら身がそがれていて、下の方を探ってみると魚は全然残っていなかった。ところが、そこでも荷の山の中に生きものは見つからなかった。

この出来事の後すぐ義足のソーリルの妻、魔女のソルグリーマが病気になり、まもなく死んだ。そして埋葬された晩に主人ソーリルの幽霊の一団の中に入っているのが見られた。例の尻尾が見えてから悪疫がまたぶり返した。そして男より女の方が沢山死んだ。一度に六人もの人が死んだ。そして多くの者がお化けや幽霊を恐れて逃げた。秋にはそこに三〇人の下僕がいたのが、一八人が死に、五人が逃げ、ゴイ（二月中頃から三月中頃）の後には七人しか残っていなかった。

このような不思議なことが起っていた頃、

ある日キャルタンは伯父のスノリに会いにヘルガフェルに出かけた。そして皆の上にふりかかったこの不思議なことをどうしたものか助言を求めた。その時ちょうど白毛のギツルが首長スノリのもとに送った司祭がヘルガフェルにやってきていた。スノリはその司祭をキャルタンと、息子猫のソールズ、およびほかの六名の者と一緒にフローザーに派遣し、ソルグンナの寝具は焼き、出てくる幽霊すべてにたいしては戸前裁判をすべきだと助言した。司祭にはそこで礼拝し、聖水で潔め、人びとの告解をきくように頼んだ。そして彼らはもよりの屋敷から同行者をつのり、聖燭節の前、ちょうど台所の火を起こす頃にフローザーにやってきた。

その時主婦のスリーズは、これまで死んだ人びとと同じような病気にかかっていた。キャルタンはすぐに部屋の中に入り、ソーロッドとその一行がいつものように火のそばに坐っているのを見た。キャルタンはソルグンナの寝具をとり、台所に入り、火の燃えさしをとると外に出て、ソルグンナのもっていた寝具一切を燃やした。それからキャルタンは義足のソーリルを、猫のソールズは百姓ソーロッドを、彼らが許可なしに家の中に出没し、人びとの命と健康をそこなっているというかどで法廷に召喚し、火のそばに坐っていたすべての連中もそうされた。

それから戸前裁判が始められ、告訴が行われ、すべての審理が民会の裁判と同じように行われた。証人の陳述がなされ、申し立てが略述され、判決が下された。それから義足のソーリルに判決が下されると、彼は立ち上り、「さて、坐っておれるだけは坐った」と、いった。

それから裁判の行われているのと別の戸口から出て行った。次に羊飼いに判決が下された。彼はそれをきくと立ち上って、いった。

「さて行かなくちゃ。だがもっと前にだったらもっとよかったのにな」

そして魔女のソルグリーマは判決をきくと立ち上って、いった。

「辛抱できる間はいたわ」

次々に原告が告訴を行い、判決が下るごとに幽霊は立ち上り、皆、出て行く時に何か一言いい、それら一人一人の言葉から、彼らがいやいや去るのが解った。最後に百姓ソーロッドに判決が下された。彼はそれをきくと立ち上り、いった。

「ここは安全じゃないようだ。みな逃げよう」

それから彼は外に出て行った。キャルタンたちは中に入った。司祭は聖水と聖遺物をもって家のまわりをまわった。翌日司祭は礼拝とおごそかなミサを行い、その後はフローザーに一切幽霊もお化けも出なくなった。そしてスリーズの病状は好転し、再び健康になった。あの不思議な事件が起った次の春キャルタンは新しく下僕をやと

い、その後長くフローザーに住み、非常に勇敢な男になった。》(谷口幸男訳。「牧師」を「司祭」とした)

＊　＊

古アイスランド人の生と死

この話には、いくつもの要素が絡み合っている。ソーリル・ホルツバインとソルグンナ、そしてソーロッドの三人をめぐる三つの話が並行して語られている。この話は「エイルの人びとのサガ」にあり、一〇〇〇年頃の話とみられている。

さまざまな呪術的現象や病気が死と結びつき、特異な表象世界が形成されている。以上の話を理解するためには、私たちは古アイスランド人の生と死についての表象を知らなければならないのだが、以上の話からおおむね推察しうるように生者と死者の境界は定かではなかった。人間と動物の境界さえ定かではなかったのである。魚の貯蔵庫で魚を食べていたのは、いったい何なのか。尾のあるこの怪物は、ソルグンナのベッドのカーテンにとりついていた。ルクートーは、これはソルグンナの死とその後に続いた疫病と関係があるとみている。ソルグンナの遺言が守られなかったために現れたのである。

この話の最大の特徴は、亡者に対する裁判が行われ、亡者も判決に従ったという点である。死者に対する裁判は中世を通じて行われており、必ずしも珍しいものではないが、現に出席している亡者に対する裁判の例は他にもほとんどみられず、特異なものである。ソーロールヴ・ヒンケフスの場合は、亡者の徘徊と暴行を避けるために人びとは大変苦労をしている。しかしこの話の場合は、特に悪さをするわけではなく、ただ死者が病気によってふえている以外は生者にとってさして問題はなかった。ただ生者の領域に死者が入りこんでいる点が問題なのである。そして裁判が開かれたのだが、この裁判の意味するものはそう簡単ではない。裁判は法に基づいて行われており、法は生者と死者を包括して効力をもつものとされている。死者も法から自由ではなく、法を守らねばならないのである。(12)

しかしながらソーロールヴ・ヒンケフスやフラップの話などは、法に従わない亡者の暴力沙汰の話で、このような話の方が圧倒的に多い。ここで以上のわずかな例から、「アイスランド・サガ」の時代における死者の位置について簡単にまとめておこう。

中世の人間にとって死はいたるところで待ち伏せていた。いついかなる瞬間に命を落としても少しも不思議ではない状況のなかに、中世の人びとは生きていたという厳しい事態をまず頭に入れておかなければならないだろう。どのような死に方をしたにせよ、死んだ者に対してはそれなりの儀礼が必要であったが、それは死者が生者の世界を脅かさないための処置であった。

まず死者の目を閉じさせ、鼻などの身体の開口部につめものをする。死者の領域に入るときの死者の視線を浴びないために、目を閉ざすのである。霊が身体から出ていかないために開口部を塞ぐのである。死体は布でくるみ、鉄の針でとめる。ヘルシューエと呼ばれる靴を履かせる。死者が死者の国へ容易に行けるように、つまり生者の領域にとどまっていることのないように旅支度を整えてやるのである。[13] 死体の爪を切る場合もある。死体を家から出し、墓に向かう前に死体を洗う仕事がある。その際に人びとは飲み食いをし、歌を歌うのである。ヴォルムスの司教ブルヒャルトは、この慣習を異教のものとして退けている（第六章一九二頁を参照）。

死体を家から出すときにはアルンケルがしたように壁に穴をあけてそこから出すか、敷居の下を掘ってその隙間から出さねばならない。壁にあけた穴はすぐに塞がれる。敷居の穴もすぐ塞がなければならない。死者が戻ってこないようにするためである。ヴァイキングの場合は船が用いられたが、その点についてはスノッリ・ストゥルルソン〔一一七八頃〜一二四一。アイスランドの詩人、歴史家、政治家〕がバルドル

〔第二章六一ページも参照〕の葬式を次のように描写している。[14]

＊　＊

《アース神たちはバルドルの死体を受け取り海に運んで行った。バルドルはフリングホルニという名のとてつもなく大きな船をもっていた。神々はそれを海に浮かべ、バルドルを乗せて火をつけようとしたのである。しかし船はその場所から動かなかった。そこで巨人のヒローキンを呼んだ。ヒローキンは狼に青蛇の手綱をつけて跨がってやってきた。ヒローキンは船首の方に行き、一押しして動かした。そこで火はコロから燃え上がった。その後バルドルの死体が船の中に運ばれた。ネプスドッティ〔ナンナのこと。ネプの娘の意〕という名の彼の妻は、これを見て胸も張り裂ける思いでいっぱいになり、そこで死んでしまった。彼女も薪の上に横たえられて、火が

ハンマー・ミヨルニールをもつトール

つけられた。ソール〔トール〕はそばについていて、自分のハンマー・ミヨルニールでこれらを祝福していた。オーディンは薪の上にドラウプニルという金の指輪を置いた。この指輪は六夜ごとに同じ重さの金の指輪をうみだす力をもっていた。バルドルの馬もすべての馬具とともに薪の上に置かれた。》

＊　＊

このほかに死体を墓に杭で打ちつける場合もあった。ヴォルムスのブルヒャルトによると洗礼を受けていない子どもが死ぬと、母親は小さな死体を遠くの土地に運び、杭で墓に打ちつける（第六章二〇六頁を参照）。これをしないと子どもが再び生き返り、多くの害をなすといわれていたのである。さらに妊娠中の女性が死んだ場合も、子どもごと杭で墓に打ちつける場合もある（同上）。いずれも異常な死に方をした場合であり、そのような場合の処置であった。

魔術師や犯罪者の場合は死体を埋めてその上に石の山を築き、あるいは死体を焼いて灰を水中に流す。犯罪者や自殺者は、海辺の砂浜に埋められる。ときには埋葬もされず、鳥がついばむのにまかされることもある。

口に貨幣をふくませた死体が発見されることがある。それは三途の川の渡し賃とみられていたが、昨今は相続の際の死者の持ち分と考えられている。死者の持ち分として貨幣を口にくわえさせておけば、たとえ死者が生前に富を隠していたとしても、それを取りに蘇ってくることはないと考えられたからだ。

墓荒らしと墓塚の住人

死者と生者との関係の中では、氏族や家族に対する配慮が大きな関心の的となっていたが、なかでも墓荒らしが大きな問題となった。アイスランドの「植民の書」にはこの問題が簡潔に語られている。[15]

＊　＊

《ライフは墓の中に入った。そこは暗かったが、一人の男がもっていた剣だけが光っていた。ライフはその男を倒し、その剣と多くの宝を奪った。》

＊　＊

「グレティルのサガ」では墓荒らしは、次のように描かれている。

＊　＊

《それからグレティルは墓塚の中に入った。そこは暗くて、いい匂いはしなかった。中がどんなふうになっているのか手探りしながら進んだ。彼は馬の骨を見つけた。それから椅子のもたれにぶつかった。一人の男が椅子に坐っているのがわかった。そこには金銀の大変な宝が集められており、彼の足の下にある箱は銀で一杯だった。グレティルはその宝を全部集め、綱のところまで運んだ。

墓塚に沿って外の方へ歩き出した途端、何者かにぐっとつかまれた。そこで彼は宝を落とし、その者に立ち向かい、かなり激しい戦いになった。二人の行く手にあるものは今やすべて壊れた。塚の住人は猛然と攻撃した。グレティルは長い間押され気味であったが、ひかえるばかりでは何の役にもたたんと悟るにいたった。今やどちらも相手を容赦しなかった。彼らは馬の骨が転がっているところまできた。そこで長い間とっくみ合って、代わる代わる膝をついた。しかし遂に墓塚の住人が後ろざまにひっくり返り、ものすごい音がした。そこでアウズンは綱を結びつけてあるところから逃げ出し、グレティルが殺されたと思った。

さて、グレティルは剣ヨクルスナウトを引き抜き、墓塚の住人の首に切りつけると首ははなれた。それを尻のそばに置いた。それから宝をもって綱のところにやってきた。だがアウズンは消えていた。彼は両手で綱をつかんでよじのぼらねばならなかった。宝は綱に結びつけていたので後から引き上げた。》（谷口幸男訳）(16)

＊　＊

墓荒らしは非常に多かったようだが、死者の側の反応は必ずしもグレティルの場合のような激しい抵抗だけではなかった。なかには宝をもっていってよいから、自分をそっとしておいてくれという場合すらあった。死者にとって富は大切なものであり、彼岸において現世と同様な生活を送るために欠くことのできないものであった。死期がせまった人びとは貴重な宝を沼地に埋めたり、自分の墓に副葬するよういい残したのである。

ヨーロッパにおいてはキリスト教が入ってくる前には大量の財宝が墓に埋められていた。カール大帝ですら、多くの金銀を自分の墓に副葬させている。このことはヨーロッパにおける金銀の流通に大きな影響をおよぼしたとさえいわれている。[17] キリスト教の浸透とともにこのような財宝の副葬は行われなくなるが、このことと商業の復活、都市の成立との間に関係があると主張する者もいるほどである。

第二章　死者の国と死生観

さて以上、主として北欧の「サガ」に現れた死者の姿について、いくつかの例をみてきたが、なぜこれらの死者は亡者となって現世にさまよい出るのであろうか。亡者や亡霊についてのイメージも、その社会の文化や文明のなかにしかるべき位置をもっているはずであり、前章でみたような亡者の出現は、十〜十三世紀スカンジナヴィア半島の人びとの生活意識のなかに理由をもっていたものと考えられるのである。

死者の三つの国

北欧の伝承によると、死者には三つの国があった。海の女神ラーンの国についてはほとんど解っていないが、彼女は船乗りや漁師を網で捕らえて連れ去るといわれている。もうひとつはヘルの国である。ヘルはロキと女巨人アングルボザの三番目の子で、女である。

菅原邦城氏の訳によると、オーディンは「ヘルをニヴルヘイムに投げ込み、これに九世界の支配権を与え、ヘルは自分のもとに送られてくる者にその住まいを割り当てることになったが、それは病気や老齢で死んだ者である。ここに彼女は大きな館をもっており、その塀はおそろしく高く、門は大きい」「彼女は半分黒く、半分は人肌色だったから見分けやすいし、かなりいかめしい顔つきをして荒々しい」（「ギュルヴィのたぶらかし」）。ヘルという名は本来「隠すもの」というゲルマン共通の語で、死者の国を意味する。しかしこの国に入るのは、戦士として死んだのではない者であった。「悪人は冥府かヘルに赴き、そこから下なる第九世界にあるニヴルヘルに行く」という記述にはキリスト教的な、罪人は地獄に堕ちるという考え方がまぎれこんでおり、本来の北欧神話のモチーフではないと菅原氏はみておられるようである。ニヴルヘル（霧に覆われた冥界）の名はわびしい現世、さらには北方の闇に包まれた寒冷の地域、究極的には墳墓の内面のイメージが結びつく、といわれている(1)。

ところでロキとアングルボザの長子がフェンリル狼である。フェンリルは、神々のもとでテュールによって飼育されていた。神々はフェンリルが災いの元凶にしかならないと確信したとき、永久に縛りつけておこうとして足枷《あしかせ》をつけようとした。狼は神々の奸計《たくらみ》を察して、嘘いつわりのない保証としてテュールが右手を自分の口のなかにつっこむまでは、体を縛らせようとしなかった。そして足枷が体からとれなかった

槍をもつオーディン（7世紀）

とき、フェンリルはテュールの手首を噛み切った。こうしてテュールは片手の神となった。フェンリルはそのまま湖アームスヴァルトニルの小島リニングヴィで、石に繋がれて終末の時を待つことになった。

　第三の死者の国が、死の神オーディンのヴァルホルである。フェンリル狼をこのようにして遠くの島に隔離しても安心できなかったオーディンは、巨人群の来襲に備えて地上から英雄戦士を集め続けた。そのための戦士の館がヴァルホルなのである。この屋根は楯で葺《ふ》かれ、館には五四〇の戸口があって、一つの戸口からは一度に八〇〇人の戦士が出られるという。この世界の一〇〇は今日の一二〇にあたるから、ヴァルホルは最大五一万八四〇〇人を収容できる巨大な館ということになる。ここではヴァルキュリア（戦士たちを選ぶ女）が衣食の世話をし、夕方ごとに生き返る牝豚の料理とヴァルホルの屋根に住む牝山羊からふんだんに流れる蜜酒で養われながら、世の終末に備えて日々戦闘訓練をしている。昼間の戦闘で傷ついた者も明け方には生き返って戦闘を

永遠に続けるのである。(2)

エッダ神話にみる彼岸のイメージ

エッダ神話における死者の国については、もうひとつの記述がある。すでにバルドルの死については触れたが、バルドルはオーディンとフリッグの嫡子で神々の子であった。姿は美しく、賢明さでも並ぶ者はなかった。バルドルに対しては、生のあるなしにかかわらずすべてのものが、バルドルには指一本触れないと約束させられていたから、どのような状況に置かれても常に無傷であった。ところが悪の元凶ロキは、万物のうち若い宿り木だけはバルドルを傷つけないという約束をしていないことに気づき、オーディンの盲目の子ホズに宿り木を渡し、バルドルに投げつけさせた。こうして宿り木はバルドルを貫き、バルドルは死んだのである。悲しみのあまり妻のナンナも死に、二人の死体をのせたバルドルの船フリングホルニは海に浮かべられた。その後フリッグの頼みで、オーディンの息子ヘルモーズが冥界の女神ヘルのもとを訪れ、バルドルを蘇らせるよう頼むのである。

ヘルモーズは九夜の間、暗くて深い谷で馬を走らせたが、何も見えなかった。ついにグヨル川につき、キラキラ光る金を打ちつけたグュル橋の上を馬で渡った。橋を見張っている乙女のモドグードが、名前と出身を尋ね、「前日に六人の男の死者がこの橋を馬で渡ったが、お前を渡すときだけ橋はひどい音をたてた。しかもお前は死人のようには見えない。お前はなぜこの冥界への道をきたのか」といった。彼は答えた、「私はバルドルを探しにヘルに行きたいのだ。冥界への道でおそらくバルドルを見かけただろう」。彼女は、「たしかにバルドルはこのグュル橋を渡っていった。そして冥界の道を北へ向かった」といった。

そこでヘルモーズは馬を走らせ、ヘルガッターに着いた。そこで馬をおりて腹帯を締め直し、再び馬に跨がり、拍車をかけた。すると馬は門に触れもせず力強く跳び越した。そこでヘルモーズは広場に行き、そこで馬からおり、中に入っていくと、兄弟のバルドルが上座に坐っているのが見えた。ヘルモーズはそこで一夜を過ごした。(3)

冥界は地下にあり、この第九世界にすでに述べたニヴルヘルがある。ニヴルヘルはヴォリュスパ(巫女の予言)によると、次のようなところである。

太陽から遠く、死者の国の岸辺に私は一つの広間を見た。その入口は北に向かい、毒の滴が煙突からしたたり、壁にはみみずが這い回っている。そこの湿地帯の流れのなかで、偽りの誓いを立てた者と殺人者たち並びにニドホッグ龍のために魂

をぬきとられた肉体だけが歩き回り、狼がその死体を貪《むさぼ》っている。(4)

このニヴルヘルの記述にはキリスト教の地獄の影響があることはすでに述べたが、現代フランスの中世史家ルクートーは、ゲルマン人にとって最も許すことができない犯罪が偽りの誓いであったことから、古ゲルマン人の倫理に背いた者が死後に赴く場所とみることもできるとしている。殺人者は戦闘による殺人とはっきり区別されていたから、このような犯罪者には特別の場所が死後に用意されていたのではないかとみているのである。しかし後で述べる事情からして、私はニヴルヘルはまさしくキリスト教の影響のもとで生じたものであり、北欧本来の神話にはないものと考えたい。

ところでバルドルを蘇らせてほしいというヘルモーズの頼みに、女神のヘルは「彼のために世界中の生けるもの死せるもの皆が涙を流したならば、彼はアース神たちのもとに帰らせもしよう。だが、もし何かがそうすることを拒んだり泣かなかったりしたら、彼はヘルのもとに留め置く」と答えた。そこでアース神たちは、世界中のありとあらゆるものにバルドルのために涙を流してくれるように頼んだ。みな約束をしてくれたのだが、一人の女巨人だけが拒んだ。そのためにバルドルは神々のもとに戻れなくなる。その女巨人こそロキの変身した姿であったのだ。

以上はエッダ神話にみる彼岸のイメージであるが、他方において一般の人びとにとって死者の居場所は、墓塚や山であった。当時の人びとにとって山は神聖な場所であり、「植民の書」には次のような記述がある。(5)

聖なる山

＊　　＊

《ソーロルフ・モストラルスケグがアイスランドに定住したとき、ヘルガフェル（聖なる山）の近くに館を建てた。彼は半島にある山に深い信仰を抱いていた。この山をヘルガフェルと名づけ、誰も身体を清めずに山を眺めてはならないといっていた。そこには大きな墓場もあり、山においては自らそこを去るのでないかぎり、つまり死ぬのでないかぎり、人間も家畜もなんら傷つけられてはならないとされていた。一族の者が皆死んで山に行くことはソーロルフ一族の信仰であった。》

＊　　＊

「エイルの人びとのサガ」にも同じような話がある。(6)

＊　　＊

《ある夕方ソルステインの羊飼いがヘルガフェルの北で家畜の番をしていた。と、丘の北側が開くのが目に入った。丘の中に大きな火が見え、そこから楽しいさざめきと角杯の音がきこえた。声がきき分けられないものかと耳をすませると、そこで鱈嚙みのソルステインとその一行が挨拶して迎えられ、ソルステインは父のむかいの高座につくことになるだろうといわれているのがきこえた。この幻を羊飼いはその晩ソーラに語った。彼女はあまり気にもせず、何か大きな出来事の前兆かもしれない、といった。》（谷口幸男訳）

＊　＊　＊

このような話はヘルギの話にもみられる。(7)

＊　＊　＊

《ある日の夕方、シグルーンの下女が墓場のそばを通りかかると、ヘルギが多くの男たちと馬で墓の中に入って行くのが見えた。下女は自分が見たことをシグルーンに話した。そこでシグルーンは墓に行き、血を流したヘルギに会い、ヘルギの腕を枕にして一夜を過ごすのである。》

＊　＊　＊

「ニャールのサガ」にも同じような話がある。(8)

《西のビャルナルフィヨルドから、スヴァンが春に魚をとりに舟を漕ぎ出し、強い東風に襲われヴェイジラウサまで流され、そこで命を落とした。カルドバクにいた漁師たちはスヴァンがカルドバクスホルンの山の中に入って行き、そこで歓迎されるのが見えたように思った。だがいくらかの者はそれに反対して、そんなことは何もなかったといっている。ともかく彼が生きているにせよ、死んだにせよ、どこにも姿が見えなかったことは誰も疑っていない。》（谷口幸男訳）

＊　＊

これらの話のいずれにおいても、山が死者の国とされている。山は神々と人間との中間の地域にあり、その頂きは天に接し、地下は地獄に接しているとルクートーはいっている。[9] 山は聖なる性質をもっており、神々の居所でもある。スカンジナヴィア半島の伝承に残っているこれらの山に対する信仰は、十二世紀には大きな変貌をみせ、キリスト教の浸透とともに山は妖精やデーモンの棲む場所となり、中世後期には魔女のサバトが開かれる場所に変化している。山に対する信仰のこのような変化は、いったいどうして起ったのか。この問題については次章で扱うことにして、ここではエッダやサガに現れた亡者たちに再び戻ることにしよう。

栄光《ハイル》と名誉《エーレ》

本章でみた冥界のイメージは、キリスト教における天国や地獄のイメージと大変異なっている。キリスト教の影響をうけたと思われるニヴルヘルを除けば、ヴァルホルに典型的にみられるように、現世とほとんど変らない冥界のイメージが繰り広げられている。ニヴルヘルにしても、後のダンテの『神曲』にみられるような地獄の厳しいイメージとかなり異なっている。このような冥界のイメージの違いあるいは変化については次章以下で扱うことになるのだが、ここで重要なのはエッダやサガにみられる冥界が現世の延長線上にあるとき、そこに自然に移れなかった人びとがいたということである。第一章でみた亡者たちは、皆このような人びとであった。彼らはなぜラーンやヘルあるいはヴァルホルに赴くことができず、現世に立ち戻ってきたのだろうか。

この問いに答えるためには、彼らにとって死とは何であったかという問いに答えなければならない。

グレンベック〔一八七三〜一九四八。デンマークの文化史家〕によると、エッダやサガに登場する人びとにとっては人間は栄光《ハイル》と名誉《エーレ》のなかで生き、それが確実なものであるかぎり、不死なのであった。ここで私たちのように個人の死を周囲の世界から切り離して考えようとすると、その時代の人びとの考え方を理解できないだろう。死者も生者も同じ氏族のなかで生きていた。生者も死者も氏族の感情を感じ、氏族の名誉を感じ取り、氏族の意志を自分の意志とし、自分自身が氏族の身体なのである。彼らは自分自身もその基礎づくりに参与した氏族の心を洗うような名誉《エーレ》によって暖められ、栄光《ハイル》によって養われ、縁者とともに考え、計画し、行動するのである。こうしてグレンベックがいうように、この世に生きているとかいないとかいう問いが初めから存在していないのである。

　グレンベックはいう、「一人の人間が自分の栄光《ハイル》と名誉《エーレ》を確信しているとき、今日命を終えることになっても、彼は自分の縁者たちが住んでいるところに、縁者たちに会うためにすぐに出かけていくだろう」。死はまことに移行に他ならなかったのである[10]。

　死後、人間は全体として異なった状況のもとに生き続けるのだが、常に栄光《ハイル》に囲まれている。それは以前よりはいくぶん少なくなっているかもしれないが、ある程度は強くなってもいるのである。彼は馬に跨がり、自分の剣を佩《は》き、死者が集まる戦闘において剣をきらめかす。……彼は肉体を具《そな》えた人間であって、触ることもできるし、戦うこともできる。人間は死後も外見と姿に関しては生前と変ることがない。――いくぶんかは縮まっているかもしれないが、ほとんど変ってはいない。名誉《エーレ》ある死者であれば、精神も新鮮で生前と同じ名誉《エーレ》をもち、偏見も、家族の誇りも変ることなくもち続けている[11]。

まさにこの点に、アイスランドの滑稽な亡者たちの弱点がある。亡者たちは何かを失っている点で先祖たち、つまり他の死者たちと異なっている。その何かとは彼の人間らしさに他ならない。その人間らしさとは名誉《エーレ》と栄光《ハイル》に体現されているものであるが、まさにそれらが死者の行動を生き残った縁者の行動のなかに包み込み、死者の行動が生者の誇りと合致させるようにしているのである。まさにその名誉《エーレ》と栄光《ハイル》が亡者たちにおいては萎《しぼ》んでしまっているのである。

「エイルの人びとのサガ」の亡者たちに対する裁判にみられるように、亡者たちは暖かい我が家の暖炉のそばを離れがたく思って、さまよい出る。しかし生者と死者の間には強い絆で結ばれながらも、互いに相手を苦しめてはならない限界があった。ソーロッドたちに対する裁判は、まさに生者と死者の関係を定めているのであって、死者が生者を助けるために出現する場合には裁判は行われないのである。

「グレティルのサガ」には、次のような話がある。

＊　＊

《老カールは死後、梁で補強された頑丈な墓の中に住んでいた。そこから彼は、近隣の農民を襲撃し、生きている息子のソールフィンとともに家の財産を殖やし、息子はやがて南モエルの近くの島ハラマルセイ全島を手に入れることができた。いうまでもなくソールフィンの保護下にある農民は、誰一人として損害を蒙らなかったのである。つまりカールは家産拡大政策を、今の彼にしてはじめて可能な、より高度な手段で追求したことになるのである。このように生者と死者はときに協力しあっていたから、死者が常に恐れられていたわけではなかった[12]》

＊　＊

グレンベックによると、当時の人びとは死を少しも恐れていなかった。不敵な笑いを浮かべながら死んでいった者は数多くいた。あるいは彼らは死についてほとんど無関心に近く、死に大した意味を与えてはいなかった。生の現実があまりに強かったので、彼らにとって死は何ものでもなく、彼の願いに何らかの圧力をかけうるようなものではなかった。……自分の生涯が終わりに近づいていることを知ると、確かな足取りで墓に行き、そこに落ち着き場所を見出す。縁者たちが用意してくれたさまざまな品物に大変満足しているのである。

しかし生前よりも影響力は小さくなったのではないか。いうまでもなく墓の中で生活しうるために必要な、彼の栄光《ハイル》は確保されている。とはいえそのことは、彼がすべてのものをもっていることを意味しない。体力は弱くなっているのではないか。知力は衰えていないか。予知能力も弱くなっていないか。活力も弱くなっていないか。このような私たちの問いに対する答えは矛盾にみちている。

たしかに死後かえって知力を増し、未来がよく見えるようになった例があるし、ヴァルホルにおける楽しげな生活についての多くの報告がある。⒀しかしシグルーンに会ったときヘルギは、死によって失ったものを嘆いているのである。グレンベックはヘルギの嘆きを、北欧古代の感情というよりはゲルマン中世のものだと述べている。⒁

しかしそのグレンベックも死後の生活によいことがあるのか、不幸しかないのかという問題の立て方には問題があり、それは現代人としてのわれわれの問題なのだという。この問題についてゲルマン人たちは、変ることなくいつでも通用するような答えをもっていなかった。なぜなら、彼らにはいつでも通用するような問いがなかったからだ。死は彼らにとって、太陽の光のなかで動いている力に依存している生の変形にすぎなかった。死者は縁者のなかで、言葉のいかなる意味でも生きていた。彼の栄光《ハイル》は生き残った者たちのなかに体現されており、彼が墓の中やその近くで送る生活はかつてと同様に縁者の栄光《ハイル》から生まれたものであった。⒂

死を恐れない理由

「アイスランド・サガ」に登場する人びとがなぜ死を恐れないのかという問題については、グレンベックの他、M・I・ステブリン＝カーメンスキイ〔一九〇三〜一九八一。ロシアの古ゲルマン語・文学者〕が時間論との関係を指摘している。[16] サガの主題は私闘（Feud, Fehde）であるが、私闘には多くの人びとが関わり、ときには小さな子どもが関わることもある。それは血縁関係の絆の連鎖のなかで行われ、家の系譜の枠のなかで営まれる。すべての私闘を動かしているのは復讐の動機であったが、すべての私闘は、過去から現在へそして未来へと繋がっていくリレー競技のようなものであったから、死が近づくと人間は、自分の死後に自分に相応しい人命金が支払われるのかどうかをむしろ心配しているのである。

このような人間関係は、運命信仰によって結ばれているともいえる。運命信仰は未来もある種の現実性をもっており、現在のなかに存在しているということを含んでいるという。[17] つまり運命への信仰は、時間が変化しないものであって、いわば時間の空間化ともいうべき考え方に基づいており、ちょうど遠い場所も近い場所も一定で変化していないように、遠い時間も近い時間も過去も未来も変ることなく同一だという考え方に基づいているというのである。

すでにみたように、サガにみられる死後の世界・死者の国の描写は不鮮明で矛盾にみちている[18]。これはカーメンスキイによれば、異なった時代の観念が重なっているためだという。もちろんサガにも死への嫌悪感は描かれている。しかしはっきりしていることは、キリスト教が説くような地獄の苦しみに由来する死への恐怖はまったくみられず、そのかぎりでサガにはキリスト教の影響はほとんどないといってよいだろう。カーメンスキイは次のようにいっている。

人間の死に対する態度を決定するのは、死後の生活についての観念ではなく時間の観念である。もし時間が動かず安定しており、死とともに終わるのでなければ、死は現実にそれほど恐ろしくなくなる。むしろ自然の時間と個人の経験との間に深淵が開かれるとしたら、その方がもっと恐ろしいだろう[19]。

徘徊する亡者たち

サガには多くの亡者が現れる。その理由は多様であるが、以上の説明から明らかなように、彼の家族や氏族との生前の関係のあり方に問題があった場合が多い。ルクートーは次のようにいっている。

つきあって楽しくない人間、沈黙がちで争いを好み、性悪で不親切な人間は家族や氏族あるいは村落共同体から受け入れられがたい。このような人間は社会生活の中心にいることはなく、彼らが入り込むと途端に不愉快なことや争いが起るのである。ソーロールヴ・ヒンケフスはまさにその典型的な人物であった。彼はアイスランドに来ると、ウールヴァールという男に決闘を挑み、その男を倒して土地を手に入れる(20)。

このときウールヴァールは年老いていたが、恥辱のうちに生きるよりはあえて決闘に応じ、倒れ、死ぬのである。彼には子どもがいなかったので、ヒンケフスは復讐されることはなかった(21)。

その他に亡者となって暴力沙汰を起した人間はみなほとんど例外なく、生前にその社会に受け入れられなかった者たちである。次にみるソーモッドの場合も同様である。このような人間が現世に立ち戻ってくるのは、当然のことと考えられていた。彼らは生前の人生に満足していなかっただけに、自分の死に方にも満足しておらず、自分の性格や悪行のために、墓の中で永遠の安らぎを得られないのである。つまり彼らは生者の共同体に適応しえなかったから、死者の共同体にも適応しえないのである。

ではなぜ、これらの亡者たちは徘徊するのか。今まであげた例だけからも明らかなように、まず第一の理由は復讐である。クラウフィはまず自分の殺害を企てた妻のイングフィルドに、ついで妻の兄弟のグリスとリートルフなどに攻撃をかけている。この点で典型的な例をみよう。「アイスフィヨルドのハーヴァードのサガ」は十七世紀の手書本でしか残されていないが、これまでの研究で十三世紀頃までに書き記されたものであることが解っており、一応その時代のものとして扱うことができよう。(22)

＊　＊

《ソーモッドは人に好かれておらず、性格も温厚とはいえなかった。妻はソールゲルトといった。ソーモッドが死に、埋葬された。そのすぐ後にソールゲルトはハーヴァードに呼ばれて、何か変ったことはないかときかれた。彼女は夫が死んだこと、しかし毎夜夫が自分のベッドの方を見ているので少しもよい状態ではないと答え、次のように頼んだ。「ハーヴァード、あなたに助けてほしいのです。私の家の者たちは前からソーモッドと折り合いが悪く、今ではもう皆去っていこうとしているのです」ハーヴァードは彼女に、ラウガボルにいる自分の息子オラフを訪ねるよう勧めた。彼女はその勧めに従って、オラフを訪ね、オラフは彼女の館まできてくれたのである。

夕方、オラフが戸口のそばにあるベッドに横になり、毛皮を被っていた。夜になるとソーモッドが入ってきて、頭を振った。ベッドには普通なら誰もいないはずなのに人が寝ているのを見て怒り、毛皮をはぎとり、すぐに激しい争いが始まった。ソーモッドはオラフの身体を押さえつけたので、オラフは斧に手が届かなかった。もつれて争う二人のために、近くの物はすべて壊れ、灯火も消えてしまった。ソーモッドの攻撃はますます激しくなり、二人とも戸口から外へ出た。庭に大きな薪の山があり、ソーモッドは木材に躓《つまず》いてあおむけに倒れた。オラフはソーモッドの身体を膝で押さえ、強く打ちのめした。

部屋の中ではオラフが戻ってきて、それが彼だと解るまで、皆ひとことも口をきかなかった。皆とびあがって喜び、彼の世話をし、感謝の言葉を述べた。

ある日、オラフは自分の羊小屋に行った。もう冬で、夜には特に天気が悪かった。そこで彼はブランドに会い、なぜこんなところを歩いているのかと尋ねた。ブランドは、羊が海岸の方へ迷って行ってしまったので探しているところだったが、一人の男が道を塞いでいて、一日中そのままなのだという。そしてオラフに一緒に行ってほしいのだが、と付け加えた。オラフはブランドと一緒に海岸に行くと、羊の群れの道を遮っているのがソーモッドであることが解った。

オラフは近づいてソーモッドをつかんだ。二人は長い間争った。しかし最後にオラフがソーモッドの背骨を折ることができた。そこでオラフは死体を引きずって海の沖遠くまで泳いで行き、そこに沈めた。その時以来もう何も起らなかった。》

＊　　＊

この場合、ソーモッドは生前、皆に受け入れられていなかったから、死後も同じ状態が続いているところへ、ベッドが他人に占められていたので復讐にきたのである。夜、灯火が消えて暗くなると、ソーモッドの力が強くなる点も注意しておく必要がある。最後に死体を海のなかに沈めた点では、先に述べた靴屋の奇怪な話と同じである。

彼岸の使者としての亡霊

死者が戻ってくる第二の理由に、死の告知がある。亡者や亡霊は彼岸の使者としての役割を果たすことがあるからである。その一つの例をみよう。「ラックサー谷の人びとのサガ」に次のような話がある。(23)

＊　　＊

《(ソルケルとその一行の船はビャルナルエイの近くで転覆して、全員が溺死した。その日の)夕方、ヘルガフェルで人びとがもう就寝している頃、グズルーンが教会に出かけた。教会の垣根の入口を入った時、前に幽霊が立っているのが目に入った。それは彼女にお辞儀していった。

「大変なことが起った、グズルーン」

グズルーンは答えた。

「お黙りなさい、哀れな人」

グズルーンは行こうと思っていた通りに教会の方にむかって歩いた。そして教会のところにきた時、ソルケルたち一行が帰ってきて教会の外に立っているのを見たように思った。彼らの衣服から海水が滴るのが見えた。グズルーンは彼らに何も言葉をかけずに教会の中に入り、気のすむ間そこにいた。それから部屋の中に入った。ソルケルがそこにきていると思ったからだ。だが部屋の中に入ったが、一人も人はいなかった。(彼女は不思議な出会いのことを考えていた。……復活祭前の土曜日に、グズルーンはソルケルの死を知った。)》(谷口幸男訳)

＊　＊

この他に夢のなかに死者が現れたり、病気が流行したりする場合にも死の予知がなされていたとみられていた。初期中世の頃においても、病気は非常に大きな意味をもっていて、病の原因がはっきり解っていなかったから、そこには死者が関わっていると考えられていたわけである。「フロイの人びとのサガ」（一三〇〇年頃）においては、グリーンランドで海に漁に出た人びととの遭難の話がある。グリーンランドに上陸したソールギルの一行は、木の小屋を建てて冬を迎えようとしていた。(24)

＊　＊

《冬が近づいてきて、ユーリの日（クリスマス）も間近となった。ソールギルは仲間に落ち着くようにいい、時間になったらベッドに入るよう命じた。クリスマスの朝、天気がよかったので男たちは昼の間小屋の外にいた。その時、北西の方向から大きな叫び声がきこえた。ユーリの祭りの二日目となった。ソールギルははやくベッドに入った。ソールギルと仲間が少しまどろんだかと思うと、ヨスタインと仲間が小屋に入ってきて大騒ぎをした。皆が横になったとき、激しく戸を叩くものがいた。一人がいった。「きっとよい知らせだぞ」彼は外へ走って出ていったが、すぐに頭が変になったようになり、翌日死んでしまった。

次の日も同じことが起った。再び一人が狂気におちいり、前に死んだ男が自分の方に走ってくるのを見たといったのである。そのときからヨスタインの一行は病気にとりつかれ、六人が死んだ。ヨスタイン自身も病気になって死んだ。皆の死体は砂のなかに埋められた。ソールギルは仲間に、かつて聞いたこともないこのような出来事には用心するようにいった。

ユーリの祭りの後、これらの男たちは皆死んだ。やがてソールゲルトも病気になった。彼女は死に、さらにヨスタインのもとにいた者は次から次へと死んでいった。最後に死んだ者はソーラリンといった。やがて亡霊が頻々と出没し始めた。

ゴイの中頃（三月初め）には、これらの男たちは皆死んだ。亡霊が跋扈《ばっこ》しだしたとき、ソールギルと仲間は立ち去ることができなかった。亡霊が最もしばしば出たのは、ヨスタインと仲間が住んでいた小屋であった。ソールギルは皆の死体を薪の上で焼かせた。その後は亡霊による被害はなかった。》

＊　＊

ルクートーは、この出来事が九六〇年のクリスマスと三月の間に起っている点に注目すべきだといっている。厳しい冬のグリーンランドで食糧も不足していたから、ほとんどすべての人びとが病で倒れることも充分ありえたからである。栄養不足状態の人間の幻覚や幻聴から、幽霊の話が生まれてきたのだと考えられるのである。(25)

この話にみられるように、亡霊が出現するのは冬が多く、特に冬至の頃が最も多い。三月になると亡霊の数は減ってくる。ゲルマン人の間では、冬は死者の記憶と切り離せなかったという。ユーリ（Juli）はJólともいい、Jólはエルフに対する供物を意味する。聖なる動物である豚を殺し、豊穣を司るフライアに捧げるのである。きたるべき年の豊穣を祈願して、死者に供物を捧げる祭りでもあった。またユーリの祭りは死の神オーディンの祭りでもあったから、死者とは深い関係にあった。特に十二夜〔一二月二五日から一二日間〕の頃は、ヨーロッパのどこでも死者が活発になる時期であった。

そのほかに亡霊は特に日暮れ時に現れる。陽が昇ったり、灯がついたりすると、亡霊の力は弱まることが多くの話から解る。

亡霊の現れる場所

亡霊の出現する時期がほぼ決まっていたように、亡霊が現れる場所も限定されていた。亡者たちが現れる動機は、すでに述べたように生前の家族や氏族、村落共同体との関係のなかに胚胎《はいたい》されていたから、出現する場所もだいたい家のまわりであった。しかしソーロールヴ・ヒンケフスのように、隣人に多くの迷惑をかける例もみられる。

北欧のサガにみられるかぎりで、ゲルマン人にとって土地は聖なる性格をもち、土地の囲い込みによって土地は占取された。土地の四隅に杭を打ち込み、ときにはそこで火をつけたのである。ときには火のついた矢を放ち、それが届く範囲の土地を占取する場合もあった。

土地と同様に家も聖なる場所であり、世襲地オーダルは分割できない単位でもあった。アーロン・グレーヴィッチ〔一九二四～二〇〇六。ロシアの中世史家〕がいうように、オーダルは世襲で解約しえない土地所有の権利を前提にしている。それは土地の売却によっても消滅しない権利なのである。第三者に土地を譲った場合でも、その権利はオーダルマンの手に残り、金を払えば取り戻すことができたのである。それは数世代後においても可能だった。このような土地には所有者の人格が投影されており、土地は所有者と不可分の関係にあった。(26) したがってこの時代の土地と人間の関係を、現代人の目で判断してはならないのである。土地が所有者の人格を体現しているような時代においては、死後にもその土地に執着する人間がでるのは当然のことと考えられるからである。

亡者たちも自分の生前の土地に出没しているかぎりでは、その社会のなかに確かな場所をもっていたのである。「植民の書」には、死者が定住地を定める話がある。アイスランドへ向かう船のなかで、クフェルト・ウルフは死ぬ前にこういった。自分の棺を海のなかに沈めよ、息子は棺を発見した場所の近くに定住するだろう[27]、と。死者と生者とは土地を媒介にして、このように固く結ばれていたのである。

どのような事情にもせよ、亡者が出現したときにはどうしたらよいのか。すでにみたように、死者の埋葬にあたって注意すべきことがある。それらの処置をとったうえでもなお出現する亡者に対しては、まず第一に敵意を示さねばならない。亡者が歓迎されない存在であることを示すのだが、それでも去らない場合には、実力に訴えて打ちのめさねばならない。しかしオラフの例にみられるように、それでも効果がないことがある。その場合は、一般的には頭を切り落とし、死体を焼く。頭は、人間の行為の原点とみられていたからである。しかし頭を切り落としてもなお出没する例があるため、焼いて灰を海に流すのである。

＊　＊

キリスト教に追われる土地の守護霊

この章の最後に、キリスト教と亡者たちとの関係を示す話をあげておこう[28]。

《ソーヴァルドの父コドランは、司教が教える新しい宗教（キリスト教）を拒否して、自分には守護霊がいる、それは二つの顔をもち壁や石のなかに住んでいるという。この守護霊が、彼と彼の家畜を受け入れてくれるのだという。司教はその石に聖水をかけた。夢のなかでその守護霊がコドランを訪れて、非難していった、聖水が守護霊とその子どもを焼いていると。司教は繰り返し聖水の攻撃を続け、やがて守護霊はコドランの夢のなかに窶《やつ》れ果てたありさまで現れた。司教の三回目の攻撃の後コドランの夢に現れ、去っていったのである。》

＊　＊

土地の守護霊がキリスト教に追われてゆく姿を描いた話であるが、第六章で扱う具体的な史料にみられるように、実際に十一〜十三世紀からキリスト教の浸透とともに、樹木信仰や泉の信仰は否定されていく。アイスランドにおけるキリスト教の浸透には、ノールウェー王の武力をもって行われ、人びとは信仰か死かの厳しい選択の前に立たされていたから、アイスランドの住民が生き残ろうとすれば、キリスト教を受け入れざるをえなかったのである。(29)

キリスト教の浸透とともに亡者の姿も大きな変化をみせる。かつてのような暴力を振い、人間に害をなす元気のいい亡者たちに代わって、人間に救いを求める哀れな亡者の姿が目立ってくるようになるのである。このような亡者あるいは亡霊の変貌は、いったい何を物語っているのか。それはヨーロッパ中世の人びとの心性を枠にはめようとする力が、大きな力を振うようになる状態を示している。次章では、この問題を観察しよう。

第三章　キリスト教の浸透と死者のイメージの変化

ヨーロッパの北部においては十二〜十三世紀まで、以上の章でみたような死者のイメージが生きており、亡者の活躍がみられたのであるが、南ヨーロッパにおいては古代ローマ時代から死者についてかなり異なったイメージが形成されていた。本章で主として扱うことになるのは、キリスト教の浸透と亡者の問題であるが、キリスト教は古代ローマの異教世界を駆逐しようとする努力のなかで、異教社会のイメージを吸収していった。したがってまずローマにおける死者の位置について、簡単に触れておかなければならないだろう。

古代ローマ人と死者

古代ローマ人と死者との関係は、サガの世界における死者のイメージと共通の性格をもちながらも、異なる面をもっていた。死者が墓の中で生き続けているという信仰は強く、埋葬の際に死者に対して、「お元気で、土がおまえに軽く感じられますように」と付け加えたという。そして三回、死者の名を呼ぶのである。[1]

ローマ人にとって霊（anima, animus）は死後すぐに身体から離れるわけではなく、喪が明け、墓に三日目の供物が捧げられた後のこととされていた。死者は生者にとって危険な存在になりかねなかったから、注意深く扱わなければならないと考えられていた。しかしながら、すべての死者が生者に害を加えるわけではなく、地上を離れた後も彼岸に辿り着けない死者たちが、危険な存在になると考えられていたのである。たとえば、埋葬されなかった者（人びとが涙を流して送らなかった者）、溺れ死んだ者、暴力犯罪の犠牲者、殺された者、自殺者、処刑された者などが、それに該当した。[2] 小プリニウス（六二頃〜一一四頃）が伝えるところによると、次のような話がある。

＊　＊

《アテネに、幽霊が出るという噂の家があった。哲学者のアテノドールが、その家を借りた。とある夜、幽霊を見た。それは両手両足に鎖を巻きつけていた。幽霊はアテノドールを招いたので、ついて中庭に出ると、そこで消えてしまった。アテノドールは庭を掘る許可を得て発掘すると、地中から手足に鎖を巻きつけた骸骨が出てきた。手厚く葬ったところ、以後はその家に幽霊は出なくなったという。》

この例などは、埋葬を求める幽霊の話であり、古今東西を問わずどこにでもみられる普遍的なものといえよう。

死後に亡霊となってさまよう可能性があるのは、生前に復讐心を強くもちながら死んだ者、墓を求めている死者、妬み心の強い者、侮辱されたり不満な心を抱いて死んだ者などである。いずれにせよ、異常な心身の状態で死んだ者が亡霊になると考えられていた。

＊　＊

死者がさまよい出てこないためには、死者を安らかに眠らせることが何より大切だったから、ローマの遺言執行人は他の家の死者を同じ墓に埋葬することを禁じている。ローマ人は死者がさまよい出るのを防ぐために、さまざまな手段を講じていた。五月九日、十一日、十三日のレムリアの日は、門の神フォルキュルス、敷居の神リメンティウス、戸の把手《とって》の神リメンティアが無力になり、亡霊が家に入りやすくなる。そこで家長は裸足で家中をまわり、いたるところに黒豆を撒《ま》き、最後に金属の容器にそれを入れて蓋を閉めてしまう。そして呪文を九回唱えるのである。死者は豆の中に潜り込んで、それを食べた人間につくと考えられていたのである(3)。

古来亡霊が出やすい冬至には、冥界の女神ヘカテを祀って十字路の祭りを営む。それはラライアと呼ばれ、十字路に亡霊を閉じ込める儀礼であった。家長は十字路の木に家人の一人一人を象《かたど》った人形を結びつけ、暗黒の世界の霊に委ね、代わりに実在する家人を守ろうとしていた。このような十字路をめぐる民俗は、中世を通じて近代まで生き続けている。またこの形代《かたしろ》の考え方は、私たちにもなじみ深いものである。

中世においても十字路には、超自然的な力が宿っていると考えられており、死者、悪魔、魔女の場所とみなされている。カロリング朝のもとでも七四四年頃の勅令に十字路における呪法を禁じた条文があるし、ボーデン湖のライヘナウ修道院を創設したピルミン（七五三年没）も十字路に偶像をたてて祀ったり、十字路で誓いを立てたりすることを禁じている。本書の第六章で扱うことになる「贖罪規定書」(Bussbuch)においても、十字路で予言をすることは神を汚すこととされている。(4)

キリスト教における死後のイメージ

ところで、古代ローマのこのような死者のイメージと並行して形成されていった、キリスト教における死後のイメージの展開に注目しなければならない。ここで私たちは前章までにみた古代スカンジナヴィア半島の住民や古代ローマ人の民間伝承とはまったく異なった死後の世界のイメージと接することになるのである。なぜなら聖書や教父の教える解釈を信ずるかぎり、キリスト教の教義においては、死後に人間が現世にふたたび現れるということはありえないからである。後でみるように、煉獄の観念が成立する以前においては、死後の人間が行く場所は天国か地獄のいずれかしかなかった。教義に基づいていえば、キリスト教信者にとっては亡霊や幽霊は存在しないことになるのである。

しかしながら本章の冒頭でみたように、ローマ人は亡霊の存在を信じていた。したがってキリスト教会も亡霊や幽霊については何らかの態度をとり、見解を明らかにしなければならなかったのである。その点で特に亡霊の問題で発言したのが、テルトゥリアヌス〔一六〇頃～二二〇頃。キリスト教神学者〕とアウグスティヌス〔三五四～四三〇。キリスト教神学者〕であった。まずテルトゥリアヌスの説明をきこう。

二一〇～二一一年頃に出た「霊について」という論文のなかで、テルトゥリアヌスは亡霊の存在について論じ、亡霊が存在するという主張に批判を加えている(5)。

すでにプラトンその他の哲学者たちが、特定の条件のもとでは霊魂が身体にとどまることがあり、腐らない死体の例や、死後も髪や爪が伸びる例をあげている。テルトゥリアヌス自身、葬式の間に司祭の祈りの言葉が始まると、横たえられた死体が両手をあげ、祈りの言葉が終わるとその手を元に戻した例をあげている。しかしながら、テルトゥリアヌスはこうした例は身体の中に霊魂がとどまっている証拠にはならないと説き、次のような例をあげている。新しい死体が墓地に埋葬されるとき、以前から横たえられていた死体が新入りの死体のために身体をずらせて場所をあけた話が各地に伝えられている。しかしながらそれは、神の奇跡とみなすべきであって、霊魂が生き続けているためとみなすわけにはいかないというのである。

不慮の死によって死体から離れざるをえなくなった霊魂が、本来なら生きるはずの寿命までこの世にとどまるという考え方や、処刑された犯罪者が冥界で受け入れを拒否されたために現世でさまよい歩くのだといった考え方に対して、テルトゥリアヌスはそのような考え方をする人は、冥界が良いところなのか悪いところなのかはっきりさせてほしいという。つまり冥界が悪しきところならば、どんなに非道な悪人でもそこに投げ込まれなければならず、冥界が良いところなら、結婚もせずあまりに若くして死んだ者がなんの罪も汚れも知らないのに、冥界に受け入れられないのはなぜか説明がつかないではないかというのである。

では、現実に人びとが信じている亡霊について、テルトゥリアヌスはどのような説明を加えているのだろうか。テルトゥリアヌスは、それらの現象の背後には降霊術や魔術があり、そしてとりわけデーモン・悪魔が働いていると説く。ここですでにテルトゥリアヌスは中世神学の亡霊のイメージを先取りしているのだが、ついでに夢の中に現れる死者についても述べている。ここでは死者が生者の夢の中に現れるのは、必ずしも悪魔の仕業とは限らない。身体をもたない死者の出現はすべて偽りであるといっている。これは奇妙な説明である。[6]

いずれにしてもテルトゥリアヌスの議論は、民間信仰と全面的に対立するものであったし、口頭伝承の世界とも矛盾するものであったから、大きな影響力をもつことはなかった。しかしながら、後世のキリスト教世界における死者と亡霊の問題を考えるとき、テルトゥリアヌスは重要な材料を提供したことになるのである。

中世教会と亡霊

ついで亡霊の問題を扱い、亡霊に関する中世教会の考え方の基礎を築いたのは、アウグスティヌスである。[7] 四二一年と四二三年との間に書かれたノーラのパウリヌスに捧げられた論文「死者供養について」(De cura pro mortuis gerenda) において、夢の中に死者が現れ自分の死体が埋められている場所を生者に知らせ埋葬を願う話を伝え、亡霊が現実に存在することを認めながら次のように答えるのが正しいという。つまり夢の中で死者が語ったり、見せたり、尋ねたりするように見えるとき、死者が現実の存在として意識的に行動していると考えてはならない。生きている人間が他人の夢の中に現れたとしても、その人の与り知らぬことだからである。……死者たちが何も知らず何も感じずに生者の夢に現れ、さまざまな話をして、生者が目覚めたときそれが真実であることが解ったとしても、特に驚くことはないだろう、という。

こうしてアウグスティヌスは、死者自身が出てくるのではないと断言しているのであり、原因は生者の側にあるといっているのであるが、ひとつの問題は残る。なぜ私たちには見ず知らずの死者が、私たちの夢の中に現れることができるのだろうか。この問題についてアウグスティヌスは、天使の介入によるのだという。神の許しを得て、あるいは神の指図によって、天使が死者の埋葬について生者の夢の中で知らせるのであり、死者自身はそのことをまったく知らないのだというのである。

この点についてアウグスティヌスは自分自身の経験のなかから、次のような話を伝えている(8)。

ミラノにいたとき、ある債権者が負債を返済してもらうために、亡くなったばかりの債務者の署名がある証書をもって、その息子のところへ行った。ところが実は、その負債は既に返済されていたのである。しかし息子はそのことを知らなかったので、大いに嘆き、また父親が遺言を書き残していったにもかかわらず、死に際にそれについては何も言わなかったことを驚き怪しんだ。

ところが不安の極に達したところで、父親が息子の夢に現れ、例の証書を無効にする領収書のある場所を教える。息子はそれを見つけ、債権者に示して、彼の偽りの要求を拒否したばかりでなく、返済の際に父親に渡されなかった書類を取り返したのである。つまりこの事例においては、故人の魂が息子を心配して、その夢枕に立ち、息子の知らないことを教え、彼を困窮から救い出してやったのだというふうに解釈される可能性がある。

右の話を聞いたのとほぼ同じ頃、私はミラノに居をすえていたが、カルタゴにいる雄弁術の教師で、この術の私の弟子であるエウロギウスの身に、想い出すまま彼が私に語ったところによると、次のような出来事があった。アフリカに帰った折、この話を彼自身が私にしたのである。キケロの修辞学の著作に関する講義を翌日にひかえ、彼が授業の準備をしていたところ、ある不明瞭な一節にぶつかって、どうしても理解できなかった。そのことが気になって、輾転反側《てんてんはんそく》、その夜はなかなか寝つけなかった。するとやがて、私が彼の夢に現れ、彼の理解力に抵抗していた文章を彼に説明してやった。もちろん、それは私自身ではなく、私の知らぬ間に、私の幻影がしたことである。当時、私は遠く海の彼方にあって、別の仕事に没頭していたか、別の夢を見ていたか、ともかく彼の屈託には些《いささ》かも関知しなかったのである。

面白い話なのでやや長く引用してしまったが、アウグスティヌスが天使の働きについて述べるかぎり、アウグスティヌスはここで良い天使と悪い天使という、後になって区別される天使の区分を先取りしていることになるのである。(9) だがこの論文でアウグスティヌスが述べているところのなかで最も重要なのは、次の文章である。

しかしながら、人間とは弱いもので、睡眠中に死者を見ればその人の魂を見たのだと思い、まだ生きている人を夢に見れば、その人の肉体を見たのでも魂を見たのでもなく、その人の心象を見たのだと信じてまったく疑わない。あたかも死者は、生者と同様には――すなわち魂という形式ではなく、彼らの風貌を再現する形象においては――立ち現れることができないかのようである。

こうして亡霊には身体がないことになる。ただアウグスティヌスはここで、死者は夢の中にだけ現れるという前提から出発して論じているようにみえる。この点で、スカンジナヴィア半島のサガにみられた亡霊の話とは前提が異なっているのだが、いずれにしても中世の人間にとっては、死者はどこよりもまず夢の中に現れるか、あるいは魔術によって出現させられるのかの二つの問題に絞られていくことになる。アウグスティヌスは、次のように述べている。

これら二つの事例はどのようにして生じたのであろうか。私には解らない。だが、それらがどのようにして起ったにせよ、死者はわれわれの夢の中に、生者とまったく同様に、ある姿・形を帯びて現れるものだということを、どうして信じないでいられようか。誰が彼らを見るのか、どこで、またいつ。いずれの場合にも、人はそんなことを知りもせず、気にかけてもいない。

アウグスティヌスのこの論文の目的は、死者のためのとりなしの有効性を論じ、死者のためのミサと祈禱と施しをすべきだということを主張する点にあった。死者のためのとりなしとはいったい何か。ここで私たちはキリスト教の教義の基本的な部分に触れないわけにはいかない。キリスト教にはさまざまな教義があるが、人が死後にどのような生を送るのか、人の霊魂は死後にどこに行くのかという点をめぐって長い間さまざまな考え方が示されてきた。

中世の死者供養

キリスト教信仰においては、人間は死後、生前の善行・悪行を清算し、天国か地獄に行くことになっている。十二世紀にいたるまで煉獄という第三の場所は成立していなかったと、ル・ゴフ〔一九二四〜。フランスのアナール派の歴史学者〕はいっている。もちろん、そのような考え方がまったくなかったわけではない。ニコデモスの福音書では、キリストの冥府降下が語られているし、キリストは冥府におりてゆき、そこでキリストが来臨する以前に洗礼を受けずにいた義人たち、族長や預言者たちを救い出している。このことは例外的とはいえ、死後に若干の人びとの状況が緩和される可能性があることを示している。しかしそのときキリストに救われなかった者は、時の終末まで地獄にとどまることになるから、地獄にはその可能性がないことになり、次にリンボという天国でも地獄でもない第三の場所がつくられていることになる。しかしリンボの誕生は、まさに煉獄が生まれるのと同じ十二世紀のことである。(10)

地獄におちた人間には時の終末まで救いがないとしたら、なぜ人は死者のために祈るのであろうか。死者のための祈りという態度は、古代にはみられなかったものだという。「異教徒は死者に祈り、キリスト教徒は死者のために祈る」といわれている。それは第一・二章でみてきたような生者と死者の関係とはまったく異なった態度なのである。この点については、すでに述べたテルトゥリアヌスその他に先駆的な仕事があるのだが、やはりここでもアウグスティヌスが、中世の死者供養に関して最も重要な考え方を出しているといわねばならないだろう。

アウグスティヌスは『告白』の中で母親モニカの死後、死者のためのとりなしの祈りの有効性を肯定したといわれている。母モニカが天国に入れるかどうかは、いうまでもなく神のみが決定できることである。しかしアウグスティヌスは、自分の祈りが神を動かしてその決定に影響を与えることができると信じているのである。ただしそれは誰に対しても有効というわけではなく、悪魔や非キリスト教徒や無信仰者には効力がない。その生涯がさほど良くも悪しくもなかった人びとに有効だというのである。

こうしてアウグスティヌスにとっては、四種類の人間が存在することになる。つまり死後天国に直行しうる殉教者、聖人、義人たちと、地獄に直行する無信仰者（異教徒、犯罪者）のほかに、この二つの極の間に不完全な善人と不完全な悪人がいる。不

ヨブ記にある海の怪物レヴァイアサンは中世になると悪魔のシンボルとなり地獄の入口とみなされていた

完全な悪人は地獄へ行くことになるだろうが、彼らのために耐えやすい地獄（地獄にはいくつかの層があるから）を願って、とりなしの祈りをすることができるにすぎない。不完全な善人は浄罪の火をくぐれば、救われる可能性がないわけではない。それは死から復活までの間に受ける試練であり、そこに後の煉獄の思想の発端があると、ル・ゴフは述べている。[11]

このような考え方はアウグスティヌスだけではなく、アルルのカエサリウス（四七〇頃〜五四三）も、くぐりぬけの火の中で清められるのは大罪ではなく小さな罪だけだと述べている。[12] また教皇グレゴリウス一世（五四〇頃〜六〇四。在位五九〇〜六〇四）も煉獄についてかなり明瞭な考え方を出しているが、『対話』の中で次のような話を伝えている。[13]

＊　＊

《今日のチッタ・サンタンジェロから遠くないアプルッチにある温泉アウグロンで、カプアの司教ゲルマヌスはローマの助祭パスカシウスと出会った。パスカシウスはとっくに死んでいたのだが、そこで温泉の手伝いをして働いていた。ゲルマヌスの質問に対して次のように答えた。私は偽教皇ラウレンティウスに味方してシンマクスと対立する立場に身を置いたので、ここで罰を受けているのです。お願いですから私のために祈ってください。あなたが再び当地においでになって私がいなかったら、あなたの祈りが聞き届けられたと思ってください。ゲルマヌスは彼のために祈り、後に再び温泉にきてみると、パスカシウスの姿は見られなかった。》

＊　＊

当時温泉は責苦の場所として考えられていたから、このような話が成立したのであろう。グレゴリウスは似たような話をもうひとつ語っている(14)。

この話は現世を舞台にしているから、一種の亡者なのだが、なんと哀れな亡者であることか。「アイスランド・サガ」に現れた亡者たちと比べてみると、ここにはまったく異質の死者の群れがいることにすぐに気づくだろう。ヤコブス・デ・ヴォラギネ〔一二三〇頃～一二九八。ジェノヴァの大司教〕が集めた『黄金伝説』には、このような話が数多く収録されている。そのなかから、ひとつふたつを取り上げてみよう(15)。

＊　＊

『黄金伝説』

《マギステル・シロ（ブラバントのシゲル）は、病気で寝ていた生徒の一人に、もし死んだらもう一度この世に戻って自分のところにきて、死後の世界について報告するように命じた。その生徒は数日後に羊皮紙でできた修道服を着て現れたが、修道服の外側には人を惑わす偽りの言葉が書かれており、内側には地獄の火が燃えていた。シロはお前は誰だと問うた。「私は先生から戻って来るように命じられたので、ここに来ました」と答えた。「この修道服はとても重く私を押し、身体の上に塔をひとつ背負っているようです。私は偽りの知恵と技術で手にした奢った名誉のために、これに耐えなければならないのです。これには炎の裏地が付けられていて、それはかつて上等の毛皮を着ていたことに対する罰なのです。この炎が私を焼き苦しめるのです」シロはその罰ならそれほど重いものといえないだろう、といった。

するると死者は彼に手を伸ばし、罰が軽いかどうかみてくれといった。シロが手を差し出すと、死者の汗の一滴がシロの手に垂れた。それはマギステルの手を、矢よりも速く貫いたのである。シロは驚くべき苦痛を味わった。死者は、「私の身体中がその状態なのです」といった。罰の厳しさにマギステルは驚き、世間から離れて修道院に入ることを考えた。》

もうひとつの例をみよう。(16)

＊　＊
＊　＊

《騎士が妻とベッドに横になっていると、月の光が窓の隙間から明るく射し込んできた。騎士はそれを見ながら、もの言わぬ生き物でも神の御心に従っているのに、理性のある人間だけがどうして造り主に従順でないのだろうかなどと、考えごとに耽《ふけ》っていた。しばらくすると、昔の友人でいまは亡きある騎士の悪口をいい始めた。するとその死んだ男がすぐに寝室に入ってきて、こういった。「誰のことでも、いちばん悪いことを思い出すのはよくないね。しかし昔、君に悪いことをしたのだったら、どうか許してくれたまえ」

騎士は、いまどんな身の上かね、と死んだ友人に尋ねた。死者は答えた。いろいろな苦罰を受けています。とりわけ、ある墓を穢《けが》したかどでね。私はその墓で、ある男の死体をめった斬りにして、着せてあったマントを引き裂いたのだよ。いまはそのマントを着せられているのだが、山よりも重いんだ。こういって、私のために祈ってほしいと頼んだ。

騎士はしかじかの司祭に祈ってもらってよいか、と尋ねた。死者はなにも返事をしない。そいつはありがたくないね、といわんばかりに頭を横に振っただけであった。そこで騎士は、これこれの隠修士に祈ってもらおうか、といった。死者は、「ああ、あの人に祈ってもらえるんだったら、いうことはないね」と答えた。騎士はそのとおりに約束をした。死者が「いっておくが、君も二年後の今日死ぬことになるよ」そういって姿を消した。騎士はそれから心を改め、二年後に主のもとにみまかった。》

＊　＊

ここでは死者のために祈る者は穢れのない者でなければならず、悪しき者の祈りは聞き届けられないことが示されている。そのうえ死者が死の予知（告知）をする役目をも果たしている。これは古い形のものと考えられる。

最後にもうひとつ『黄金伝説』から例をひこう(17)。

＊　＊

《カール大帝に従って異教徒との戦いに出かけた騎士が縁者に、自分が死んだら自分の馬を売って、その金を貧者に配ってほしいと頼んだ。騎士は戦死したが、縁者はその馬が気に入ったので、売らずに自分のものにしてしまった。しばらくすると死者が太陽のような光を放ちながら現れ、こういった。おまえのおかげで八日間、煉獄の火の中で過ごさねばならなかった。おまえが、私が頼んだように馬の代金を貧者に施さなかったからだ。この報いは受けずには済まないぞ。今日、悪魔がおまえの魂を地獄に連れていくことになるだろう。だが私は罪を償い、神の国に昇ってゆく。そういったかと思うと、空からライオンや熊や狼の叫び声がきこえ、この男は悪魔にさらわれ

てしまった。》

＊　　＊

以上みてきた説話から浮かび上がってくる死者のイメージは、現世に立ち戻りながらも、みな耐えがたいほどの苦しみを受けており、肉体をもつ生者に救いを求めている姿である。すでに述べたように、ここにみられる死者のイメージは、「アイスラン

救済される者と地獄におちる者（13世紀）

ド・サガ」の死者のイメージと重なる部分がないわけではないが、基本的な違いがある。どうしてこのような違いが生じたのか。

死者のイメージの変化は、キリスト教の浸透とともに始まったものである。キリスト教の教えのもとで、死後の世界について新しい説明がなされ、アイスランドの神話や伝説の世界とはまったく異なる天国と地獄の思想が登場したのであるが、民衆はこのような教会の教えに素直に従ったのだろうか。(18) アウグスティヌスやグレゴリウス、あるいは、ヤコブス・デ・ヴォラギネの『黄金伝説』にみられる死者のイメージは、教会の教義の枠の中で民衆教化のために作られたものであり、これらの説教のなかに民衆の死者のイメージがそのまま反映されている、とみるわけにはいかないのである。

「アイスランド・サガ」に描かれた死者の世界と、『黄金伝説』の死者のイメージとの間には、史料の性格に根本的な違いがあるのであり、中世における死者のイメージの変化を明らかにしようとする本書においては、ここで中世民衆の死のイメージを探るための方法の問題を考えなければならないことになる。

第四章　中世民衆文化研究の方法と『奇跡をめぐる対話』

ヨーロッパ中世における死者のイメージの変化を研究しようとする者は、なによりもまずフィリップ・アリエス〔一九一四〜一九八四。フランスの歴史家〕の業績やジャック・ル・ゴフの研究、あるいはミッシェル・ヴォヴェル〔一九三三〜。フランスの歴史家〕の大著などに目を通さなければならないだろう。(1) しかしながら、これらの書物で扱われている死者のイメージの元になる史料は、前章の末尾でいくつかの例をあげた『黄金伝説』などが主たるものであり、これらの研究者たちの視野のなかには、「アイスランド・サガ」における死者のイメージや、民衆の次元で語り継がれてきた死者のイメージの一部分しか入っていないようにみえる。

一九八七年、フランスのルクートーがはじめて「アイスランド・サガ」を主たる素材として『中世における幽霊と亡霊の歴史』を著し、本書の第一・二章はその研究に大いに依拠しているのであるが、本章においては、これらの研究とも異なった視角から死者のイメージの問題に接近する方法を考えてみたいのである。

中世の民衆文化

『黄金伝説』にみられるように悔い改め、苦しみながら生者に助けを求める死者のイメージは、民衆の日常生活の次元で自然に生まれたものではなく、聖職者から教えられ、与えられたものであって、『黄金伝説』とはまったく異質な死者のイメージも、口頭伝承の世界には残っているのである。しかしながら口頭伝承として残されている亡霊についてのイメージは、成立年代と場所を確定しえないものが多いのであるから、私たちはそれらを主たる史料として論を立てるわけにはいかない。

中世の民衆の真の姿に接するにはどうしたらよいのかというのが本章の問題であり、その問題点について、一九八〇年代に最も鋭く問題を提起しているロシアのアーロン・グレーヴィッチの仕事に目を向けてみたいのである。

グレーヴィッチの仕事はすでに『中世文化のカテゴリー』(2)(一九八〇)によってわが国にも知られつつあるが、一九八七年に出された『中世の民衆文化』(3)は、前著に優るとも劣らない注目すべき内容の論文集である。『中世文化のカテゴリー』のドイツ語版には、補論として「中世における民衆文化と宗教心の諸問題」(4)がある。それと『中世の民衆文化』の第三章の「贖罪規定書に映された民衆文化」(5)の内容とはかなり重複している。そこで私たちも、この論文を吟味することから始めたい。

グレーヴィッチは、ロシアにおける中世文化研究の現状に対する批判から始める。レフ・P・カルサヴィンは中世文化を統一的文化とみなし、学者や高位聖職者の思想も民衆の思想も共通の宗教的性格に貫かれており、学者たちは民衆の思想をも表現していたという。もとより民衆の思想そのものが直接民衆によって表現されることはないが、下級聖職者や教養がある俗人などを通して、民衆の思想を知ることができるという立場にたっている。

これに対してM・M・バフチーン〔一八九五～一九七五。旧ソヴィエト連邦の文芸理論家〕は、公的で真面目な文化の担い手として、笑わない人たち、学者や聖職者といった禁欲的な人びとがおり、それらの人びとの威圧的な文化が一方にあったが、他方で民衆のカーニヴァルに典型的にみられるような笑いの文化があり、この二つがそれぞれ独自の世界観をもち、二つの異なった世界をなしていたと主張している。

グレーヴィッチはバフチーンのいう聖職者たちの文化を上層の文化とし、民衆の文化を下層文化とした場合、両者は別の世界を形成していたのではなく、両者は常に影響しあっていたと考えるのである(6)。しかしながら中世の民衆の意識や世界の見方は、個人の作品に見られるような完成された構造をもっておらず、体系もないように見える。とりわけそれが口頭伝承で伝えられ、文章化されていないために、なおさら体系が見えにくいのである。しかし民衆の伝承の世界を文章化したとたんに、生き続け変化してゆく民衆文化は担い手から疎外されてしまうという性格をもっている。

このように中世文化には、書き言葉を用いて表現される聖職者たちの文化と、話し言葉の文化の二つの表現形式があった。グレーヴィッチは、バフチーンのカーニヴァル文化の概念の重要性を認識しながらも、中世人の宗教心の性格を明らかにするためには、カーニヴァル的な笑いの民衆文化という概念は不充分であると考える。民衆文化にはそれ以上に重要な側面があるからである。

たとえば俗語方言の史料は、ザクセンやアングロ・サクソンやスカンジナヴィア半島など、ヨーロッパの辺境地帯で成立している。これらの地域にはキリスト教の浸透が遅れたために、それ以前の未開の人びとの生活の奥深くまでキリスト教が根を下ろせなかったのである。俗語方言で書かれた文献の表現のなかから、ラテン語の文献には現れてこない民衆の世界観を明らかにする可能性がないわけではないというのである。

ラテン語で所有というときの possessio は俗語に訳されるとき、ただの訳語ではなく、ゲルマン法特有の内容をはらむ言葉になっている。たとえばオーダルという言葉は、世襲所有地を示すが、それは同時に所有する人間の人格や家族と親族の関係の総体をも示し、もちろん世襲地の所有権をも含む言葉なのである。それは同時に、故郷(Heimat)という意味すらもち、ラテン語のpossessioとはかなり異なった内容のものであった(7)。

いちばん解りやすい例は、救世主キリストであろう。ザクセン人のもとで九世紀半ば頃に、福音書のゲルマン語訳が成立した。それはキリストの受難の歴史を描いたものである。しかしながら訳書においては、キリストは神の摂理を伝える者としてよりは、むしろ土地と城を支配する民衆の主人として登場している。

キリストは従者(使徒)を従え、神と悪魔の戦いは福音書の訳においては、善と悪の二つの原理の戦いではなく、武装した戦闘として描かれている。神の犠牲の羊は高名な戦闘の指揮者となり、祝福をするのではなく、贈り物をするのである。救世主への期待は主人に対する従者の忠誠心となり、山上の垂訓は愛すべき領主からザクセンの民衆集会への呼びかけとなる。救世主は悪から人びとを救うのではなく、飢えや外敵の侵入から人びとを守る存在なのである。悪魔は不誠実を体現し、ユダは誓いを守らない者を示している。

翻訳はグレーヴィッチによると、ひとつの意識の体系を別の体系に移すことであり、全体としてイエスの生活はゲルマンの従者制度のカテゴリーのなかでの戦闘の生活として描かれ、霊的な性格は失われているという[8]。

このような訳の全体をみると、キリスト教のゲルマン化ともいうべき現象が起っていることが解るのだが、それだけではない。ゲルマン人の精神のキリスト教化も同時に進行していたのである。つまり従来の世界観のなかに、新しい価値が入り始めていることも読み取れるという。

ではこのようにゲルマン人の民衆の世界観のなかに、新しい価値が入り込んでいったことを、いったいどのような史料によって明らかにすることができるのだろうか。この点では「中世における民衆文化と宗教心の諸問題」は、ただちに「贖罪規定書」(Libri Poenitentiales) の内容の紹介に入っていくが、新しく出された『中世の民衆文化』の第一論文「アルルのカエサリウスとハイステルバッハのカエサリウスの間にみる民衆文化と中世ラテン語文献[9]」においては、その前に民衆向けの中世ラテン語文献のなかから民衆文化への接点を求めようとしており、注目に値する観点を示している。そこで「贖罪規定書」の内容に入る前に、この論文を紹介しておこう。

エリートのための文献と民衆のための文献

中世ラテン語の文献というと、誰でも高度なエリート聖職者のスコラ的な議論を扱ったものと想像しがちであるが、事態はそれほど単純ではない。たしかにラテン語で書かれ、教会によって検証された著作が公的な教えとなっていた一方で、ラテン語の読めない俗人民衆がいたことは事実である。しかしながら聖職者などの上層階級の人びとの考え方が中世社会のなかで支配的な考え方になってゆくためには、それらの考え方は他の人びとに理解しうる言葉に移されなければならなかった。村落共同体や都市共同体と直接接触していた説教師や司祭は、高級なラテン語文献のなかから民衆向けに訳されたり書き換えられた文献によって説教していたのである。

教区司祭や修道士、説教師は、民衆に対して神学を解りやすく説明しなければならなかった。そのために説話集、教訓の書、事例集、奇跡や悪魔についての説明、魂の彼岸への旅の記録、聖者伝などが書かれたのだが、修道院の奥深くで考えられ、深められた教えは、それぞれの教訓の書や説話集によって民衆に伝えられねばならなかったのである。他方で民衆自身は、神話や英雄叙事詩を口承で伝え、異教的慣習や魔術の世界の中で暮らしていたのである。

こうして中世ラテン語の神学文献は大別すると、教育のあるエリートのための文献と民衆のために書かれた文献との二種に分けられることになるが、前者は特定の読者

リンデの木の下で楽しむ農村の人びと（16世紀）

のためのものである。たとえば聖書やミサ書、神学論文などは、俗語に訳すことを禁じられていた。前者と後者ははっきり区別されており、同じ説教でも、聖職者向けの説教集と民衆向けの説教集では内容に大きな違いがあった。

ひとつの例をあげると、一〇九五年にイングランドのビュリー・セント・エドマンズで聖職者に対して司教が説教し、別の聖職者が教区共同体のために説教をした。司教の説教の内容は残されていないが、司祭の一般向けの説教は聖なる殉教者についての話であり、神がすべての人に約束したように、殉教者たちは人びとが長い間待ち望んでいた雨をいっぱい降らせるだろうとも語っているのである。つまり大衆向けの説教においては、民衆に最も関心のあるテーマに引きつけて語られていたことになる。

民衆的といえるものには、原則として購買者たる民衆自身による事前検閲が行われている、とグレーヴィッチはボガトゥイリョフやヤコブソンの議論によりながら述べている。聴衆は受け入れられるものを選び、そうでないものを捨ててしまう。したがって共同体の同意を得、受け入れられたもの、好みにあうものだけが生きながらえたのだという。こうして大衆向けの中世ラテン語の文献においては、公的に認められた教えと民衆固有のものとの相互作用が行われており、両者は接近するが、けっして融合することはない。しかしすでにみたように、教会のイデオロギーとキリスト教以前からの民衆文化との相互の影響がみられ、民衆的キリスト教、あるいは司祭のカトリシズムともいうべきものが生まれていることになるのである。

中世ラテン語の神学書のなかには、教養あるエリートのためのものではなく、文字が読めない人びとを教化するための書物があり、そこには民間信仰なども取り込まれて、キリスト教の教義が説かれている(10)。そして民衆文化というものが、本来異教に根ざすものであったとしても、聖職者自身も長い間、叙事詩や騎士物語に関心を抱き続けていた。こうして民衆文化は、けっして教会の聖職者の文化とは別個の世界として併存していたのではなく、農民から司教にいたる中世のさまざまな人びとの間で交差し、影響しあっていたのである(11)。

これらの大衆向けの作品の場合、聴衆の圧力がたいへん強かったからそれらは民衆文化研究の史料として役立つものであり、まさにそれゆえに中世における沈黙せる大多数の人びとの生活や生活意識の形態を知るうえで、重要な史料となりうるのである。ここでグレーヴィッチはこのような作品の例としてアルルのカエサリウス（四七〇頃〜五四三）とハイステルバッハのカエサリウス（一一八〇頃〜一二四〇頃）をあげている。

『奇跡をめぐる対話』

アルルのカエサリウスは六世紀頃の人で、北ガリアの村人を聴衆とする作品を書いていた。そこでカエサリウスは、村の生活を例にとりながら教えているのである。たとえば、性交と種蒔きとの比喩などを用いて教えを説いている。十三世紀頃のハイステルバッハのカエサリウスはシトー派の修道士で、『奇跡をめぐる対話』[12]には修道院のなかの話だけでなく、聖職者、修道士のほか騎士と王、十字軍兵士、司祭、教皇、司教、市民、高利貸し、手工業者、農民、女や子ども、異教徒、異端なども登場している。主たる舞台はドイツであるが、フランス、イタリア、聖地なども含まれている。農民に対してはやや下にみる姿勢が読み取れるが、それはカエサリウスの聴衆が主として修道士や市民であったためだと、グレーヴィッチは述べている。[13]

カエサリウスの『奇跡をめぐる対話』は、七五〇篇の短い話からなり、いずれも具体的な例をあげて教会の教えを説いている。全体は一二章に分かれ、改宗、悔い改め、告白、誘惑、悪魔、無邪気、聖母マリア、その他さまざまな話があり、キリストの血と肉の秘蹟、奇跡、死にゆく者、彼岸への罰などとなっている。内容のつながりと関係なく、話は数のミスティーク〔神秘性〕によって並べられている。つまり誘惑は第四章にくる。なぜなら四という数字は変らざる確固たるものを示し、確固たる人間だけが悪の誘惑に耐えられるからである。七という数字は処女性を示すから、第七章は聖母マリアにあてられている。一一時には太陽は沈んでゆく。したがって一〇時は老いの時間であり、これは死に近い。したがって第一一章は、死にあてられている。

すべての話は、カエサリウスにとって真実のものと信じられていた。『奇跡をめぐる対話』を読むと、当時は奇跡が現実と不可分の関係にあったという印象をうける。たとえば悪魔は皆に目撃されており、悪魔による被害を受けた者は少なくない。特に悪魔に関する話は量が多く、しかも多彩である。カエサリウスの記述で特に注目すべき点は、メルヘン的なものがあることである。そのなかの一例をあげてみよう。第一〇章の六六話に次のような話がある。(14)

＊　　＊

《名前は忘れてしまったが、ある荘園の近くで一匹の狼が一人前になった娘を襲い、歯で腕をはさんでさらっていった。娘を引きずりながら、娘が叫び声をあげると狼は娘を強くつかみ、静かになると歯をゆるめた。こうして、狼は森のなかに娘を連れて行き、もう一匹の狼の前に出た。その狼の喉に骨が刺さっていたのである。それはたいへん痛んだので、もう一匹の狼は歯で娘の手をつかんで、骨の刺さった狼の大きく開いた顎のなかに入れさせ、そこに刺さっていた骨を抜き取らせた。こうして治った狼は、もう一匹の狼と一緒に娘を元の荘園に戻したのである。

助修士　子どものころ狼にさらわれ、大人になるまで育てられた若者を見たことがあります。その男は走るときも腕を使い、吠えていました。

修道士　動物にとってはそれでも大変なことだろう……》

＊　＊

これも奇跡を伝える話なのであろう。おそらくメルヘンの素材となるこの種の話が、ラテン語で書かれたのは、この部分が初出ではないだろうか。

さてハイステルバッハのカエサリウスについで、グレーヴィッチはシュレットシュタットのルードルフその他の人間や後で触れる「贖罪規定書」を論ずるのだが、グレーヴィッチの論文の紹介はこれくらいにして、グレーヴィッチの考え方を参考にしながら、われわれ自身の目でハイステルバッハのカエサリウスを読んでみよう。全体で七五〇篇もある話の全体を紹介することはできないが、私たちの問題に関わる部分、つまり第一一章の死をめぐる対話のところをみることにしよう。

死にゆく人の四つの型

第一一章の第一部の表題は、死とは何か、どこからこの名称が由来するのか、死にゆく人の四つの型について、(15)となっており、いわばこの章の序説である。すでに述べた一一という数字の意味について解説したあとで著者は、最初の人間（アダムとイヴ）が神の掟に背いたために、この世界に死が現れたという。そこから死（mors）は、嚙むという言葉（morsus, mordeo）に由来する言葉で、禁じられた木の実を嚙んだために生じた現象であるという。また死という言葉は、苛酷なこと（amaritudine＝苦しさ）からも由来している。なぜなら生涯におけるいかなる苦痛といえども、肉体と霊魂の分離ほど苦しいことはないからである。

ところでイシドール〔五六〇頃～六三六。セビーリャの大司教、神学者〕がいうように、死には三つの種類がある。激しく鋭い死、時を選ばぬ死、自然な死である。激しく鋭い死は幼児の死である。時を選ばぬ死は青年の死であり、自然の死は老いたる者の死である。ところで死に方には四つの区別がある。ある者は立派に暮らし、立派に死ぬ。ある者は立派に暮らし、苦しみながら死ぬ。ある者は苦しい生活をしながら、神のお恵みで立派に死ぬ。しかし立派に暮らしながら、神の裁きによって苦しんで死ぬ者もいる。これらの区別を、神はエゼキエルの言葉を通して充分に語らせている。……エゼキエルの説明は省いてもよいだろう。序説の最後に助修士と修道士との対話が付けられている。

第一一章には全部で六六話あり、聖職者から高利貸し、騎士など、さまざまな身分の人びとの死に方が語られている。聖職者の話が最も多いが、その大部分が天国に昇る聖職者の話であり、第一二話には、かつては悪魔と手を結んで黒魔術修道会士であったが悔い改めて救われる者の話などがある。全体としては、死後の罰よりも悔い改めによって重い罪人でも救われるという話が多い。第二〇話には悪名高い騎士が神に召される直前に「主よ憐れみたまえ」といっただけで救われている話がある。それらのなかから、興味深いものをいくつかあげてみよう。

第三五話に次のような話がある。(16)

* *

《シトー会に属するチンナ修道院の助修士が、ある日、院長の用事で使いに出された。ザクセンを流れるエルベ河を船で渡ったとき、渡し守から渡し賃を請求された。

彼が一文ももっていないというと、渡し守は、「それならお前さんのナイフかベルトをかたにおいてってくれ」といった。助修士は、「私にはこれがないと困るのだ。私の修道院にかけていうが、半プフェニヒ必ず送るよ」といった。渡し守は渡してくれた。助修士はそこを離れると約束のことはすっかり忘れてしまい、ほんの些細なこととして、金も送らなかった。

かなり年月がたった後、彼が病気になり、まわりの者も皆、彼の死が時間の問題であることが解ったとき、彼の魂は身体を離れて天国に昇っていった。ところが告白のなかでも忘れていた半プフェニヒが見えたのである。半プフェニヒはどんどん大きくなり、世界全体よりも大きくなっていった。彼が天に向かって上に昇ろうとすると、他には誰も魂の邪魔をする者がいないのに、その半プフェニヒが彼の通り道に立ちはだかっていたのだ。そこで天使の祈りによって、彼は自分の身体に戻ることが許された。彼が自分の見たことを話すと皆驚いたが、院長は一プフェニヒを速達で渡し守に送らせた。渡し守がそれを受け取るやいなや、瞬間に助修士は息をひきとった。

この話はリボニアの院長から聞いた話だが、彼はチンナ修道院の院長から聞いたといっていた。聖職者は俗人よりも大きな報いを期待することができるけれども、それだけ慎重でなければならず、死ぬときに地上のいかなる物をも身につけていってはな

らないのである。》

＊　　　＊

この話は天国に昇る条件として地上の債務を片付けておく必要があるということを語っているのだが、救いの条件として債務の返済があげられている点が興味深い。ここでは教会の説教が聴衆に対して天国での救いを説きながら、むしろ世俗の約束事、契約の履行を守らせようとしている話となっており、この頃の教会と国家との関係を暗示させる話である。

＊　　　＊

修道院の秩序と天国の秩序

第三六話には、同じような内容の話が教会内部の問題として取り上げられている。(17)

《数年前、フランス王国のシトー会のある修道院で、立派な生涯を送った修道士が重い病で寝ていた。高熱と高い温度の二重の暑さに苦しんだ彼は、病院の者に修道服を脱がせ肩衣《スカプラリオ》をつけさせてほしいと頼んだ。病院の修道士は同情してその通りにし、いったん部屋を出て戻ってみると修道士は死んでいた。彼は慌てて部屋のドアを閉め、スカプラリオを取り、頭巾をつけさせ、死体をマットの上に横たえさせてから、板を叩いて皆に知らせた。修道士は礼拝堂に運ばれた。

次の日の夜、修道士たちが習慣の通り死体のまわりで祈りをあげていると、死体は棺台から起き上がり、まわりを見まわして修道士を呼んだのである。修道士たちは恐怖のあまり寝室に逃げ散ってしまったが、副院長だけは勇気があったので残っていた。修道士は、「怖がらないでください。私は死んだのですが、また生命を取りもどして戻ってきたのです。院長を呼んでください」といった。死んだ修道士が生き返ったといって逃げた修道士たちも集まり、大混乱となったが、皆、集まってきた。

院長が棺台のところにゆくと、修道士がいった。「院長様、告白をしますが、私はこうこうしかじかで死にまして、天使に天国まで連れて行ってもらったのです。私は問題なく天国に入れると思っていましたけれども、聖ベネディクトが門のところにきて、『お前は誰だ』と尋ねるのです。私が聖人も入っていたシトー会の修道士ですというと、『お前は絶対に違う。お前が修道士なら、お前の修道服はどこにあるのか。仕事着で天国に入ろうというのかね』といって、入れてくれなかったのです。私が天国の壁のまわりをまわった後、窓から立派な様子の老人たちが見え、なかには親切そうな人もいたので、私のためにとりなしてくれるように頼んだのです。彼のとりなしで私は肉体に戻ることができました。私の修道服さえあれば、約束された至福の場所に入れるのです」それを聞いて院長は、修道士が病のために脱いだ修道服を着せてやった。こうして祝福をうけて、彼は再び息をひきとった。

この事件はスジェールにあるレラックスハウゼンの院長が、通りがかりにこの奇跡を私たちに話したのだが、彼はこの修道院の院長と修道士とから聞いたといっていた。》

＊　＊

この話は修道院内部のことであるが、現世の修道院の秩序がそのまま天国で通用することを伝えており、高度な神学の議論とはかなり異なっているが、民衆に教えるときの教え方を示していて興味深い話である。現世の秩序を絶対的なものとして説こうとするときに生まれた話であろう。

金銭の副葬

次に高利貸しの話をみよう（第三九話[18]）。

＊　＊

《わが修道院の院長から聞いた話だが、メッツ市になみはずれて貪欲な高利貸しがいて、その男が死んだ。死の間際に、彼は妻に墓の中に金をいっぱい入れた財布を入れてくれるよう頼んだ。妻はできるだけ目立たぬようにしながら、夫のいう通りにした。

しかし秘密を隠し通すことは難しく、ある人びとは墓を掘って盗もうとしていた。墓を開いてみると、二匹のひき蛙が、一匹は財布の口に、もう一匹は死体の胸にのっているではないか。財布の口にいるひき蛙が財布から貨幣を引き出すと、もう一匹は死体の胸のなかに入れていたのである。あたかもひき蛙たちは、こういっているかのようだった。「貪欲な心を金でいっぱいにしてやろうと思っているのさ」これを見て盗人たちは逃げてしまった。もしこのような恐ろしいことが墓の中で肉体に生ずるとしたら、この男の魂は地獄で不死の虫たちからどんな苦しみを受けていると思うかね。》

＊　　＊
＊　　＊

第四〇話は次のような話である(19)。

《ケルンから一マイルほど離れたフレッヒェンの荘園に、ユッタという女が住んでいた。しっかりした性格だったが、金貸しであった。当時わが修道院の副院長だったゲルラックは、この荘園の教会をも管理しており、彼はこの女を繰り返し諫めていたが、女はその都度改めますというだけで、ついに約束を果たそうとしなかった。

罪に穢れたまま女が死んだあと、彼女の身体が脹《ふく》れあがったので、死体が生者に害をなすのを防ぐために、死体を地面に置いた。ところが悪魔が彼女の腕と手を、あたかもお金を勘定しているかのように動かしたのである。悪魔祓いをして、悪魔が死体を苦しめないようにするために、ゲルラックが呼ばれた。お祓いをしていると死体は静かになったが、やめると再び動き出した。このたびは足や手も動かすのである。そこで院長は経帷子《きょうかたびら》をとりあげて聖水に浸し、聖水を口に含ませた。死体は熱心にそれを飲み始めた。そして院長は自分のストールをとり、死体の首に巻き、悪魔祓いの呪文を唱えた。このようにして死体から悪魔を追い出した。そこに村の者がいて、司祭にこういった。「今度は悪魔がこの死体に驚くようなことをしようとしていますね」》

＊　　＊

以上の二つの話は、注目すべき内容を含んでいる。第三九話で高利貸しが財布を副葬してほしいと頼む話があるが、それはすでに第一・二章でみたように、ゲルマン古来の慣習であり、十三世紀以後にはキリスト教の浸透によって、金銭の副葬は王侯貴族の場合はみられなくなっていたといわれている。しかしながら第三九話にあるように、民間においては盛んに行われていた可能性があり、この話の主人公が高利貸しであるからといって特別なケースだとはいえないと考えられる点である(20)。

また同じ話で、死体が脹れあがり生者に害をなす可能性があると語られている点も注目を惹く。すでに第一章と第二章でみたように、「アイスランド・サガ」において死後に害をなす亡者たちは常に死体が腐らず、墓を掘ってみると牛ほどの大きさに脹れあがっていた。サガにみられる亡者のイメージは、十三世紀のライン河周辺にも、民間の人びとの間では生き続けていたことを示している例として注目する必要があるだろう。

＊　＊

民衆教化の手段としての告白と説教

第四七話をみよう(21)。

《ケルン司教区にあったピュットの荘園に、ハインリッヒという名の男がいた。彼は死が間近に迫ってきたとき、空から燃える大きな石が自分の上に被さってくるのを見た。病気の男は石の炎に激しく熱せられて、恐ろしい叫び声をあげた。「見てくれ、石が私の頭のところで身体を燃やしつくしてしまう」と。司祭が呼ばれたとき、彼は告白をした。しかし石は消えなかった。司祭はいった。「考えてごらん、誰かからあの石を奪ったことはないのかね」それを聞いて、男はしばらく考えて答えた。「思い出しました。自分の土地を広くするために、他人の境界石を動かしたことがあります」司祭はいった。「それが理由だよ」彼は罪を告白し、石を元の状態に戻すことを約束したので、恐ろしい幻覚は消えた。》

＊　　＊

この話も現実に各地で問題が生じていた境界石の移動に対して、教会が介入を始めたことのひとつの例であり、この頃に教会は個人の霊の救いという理由を正面に立てながら、現実には社会秩序の確立のために力を貸していたことが解る。いわば民衆教化の手段として、告白や説教が用いられていたことが解るのである。

第五六話をみよう。(22)

＊　　＊

《ケルン司教区で、農村の二家族が命がけの私闘を繰り返していた。両方の家の指導者はいずれもたいへん勇気のある誇り高い男で、いつでも新たに争いを起し、けっして和平を結ぶことなく戦い続けるのであった。そこで神の意志で、二人とも同じ日に死ぬことになった。二人とも同じ教区のノイエンキルヒェンに属していたので、争いがいかに有害であるかを示そうとしていた領主は、二人を同じ墓に埋葬した。ところが不思議なことに、前代未聞のことが起った。皆が見ている前で、二人は互いに背中を向け合い、頭と踵、背中までが激しくぶつかりあったので、まるで野生の馬の争いのようであった。皆はすぐに一人の死体を取り出し、離れた別の墓に埋葬した。こうして二人の死者の争いが、生者の和平と仲直りの原因となったのである。

助修士　彼らの霊魂は地獄でも争うことになるのでしょうか。

修道士　それは解らないところだ。

助修士　神がこのようにして世俗の人びとの争いや怒りを罰するということは、修道院内部での同じような悪徳も嫌悪されているということになるのですね。

修道士　その例を示そう。》

＊　＊

この話は先の第四六・四七話と同系列の話で、「アイスランド・サガ」に直結するものである。「アイスランド・サガ」では家族間の争いが死体にも受け継がれ、死者が戦う話はいくらでもみられるが、ここで十三世紀のケルンにおいても、民間の人びとにこのような話が伝えられていたことが明らかにされている。ただしサガとは違って、カエサリウスの取り上げ方は、俗世間における平和のきっかけになるという話とされているのである。ここでもそのような死者の争いの話を通して、私闘をやめさせようとする公権力の配慮がほの見えているといえよう。

第六二話をみよう。[23]

＊　＊

《信頼できる人の話によると、ケルン司教区のある貴族の婦人が一年前に死んだが、死が戸口に現れたとき、他の貴族の婦人たちや男性たちが彼女のまわりに立っていた。婦人たちが彼女に呼びかけたとき、最後の力をふり絞ってか細い声で彼女はこういった。「怖がらないで。私は今は死なないわ。私には、死が私のそばから離れて、あの司祭の方に目を向けているのが見えるのですもの」といって指さした。不思議なことにその瞬間、絶望視されていた彼女は回復し始め、司祭が病気になって八日後に死んだのである。》

＊　＊

この話は、別に大して内容がないようにみえる。理由はあげられていないが、司祭の死が予知され、実際に司祭が死ぬことになる点が注目される。おそらく聴衆にとって、悪徳司祭は無数にいたであろうから、このような司祭の死の話は受けたにちがいないからである。

以上で第一一章のいくつかの説話をみてきたが、『黄金伝説』やル・ゴフそしてアリエスなどが取り上げている死者の話や煉獄の話とかなり異なった種類の話があることが解るであろう。教化を志す現場の司祭にとっては、民間伝承を充分に汲み取った、このような話でなければ人びとに聞いてもらえなかったのである。聴衆に聞いてもらえる話とは、聴衆のなかに受容しうる条件がある話でなければならず、その限りでカエサリウスは民間伝承や迷信と思われるものでも充分に取り入れながら、死についての教会の教義を素朴な形で教えようとしている。全体として押しつけがましいところはなく、杓子定規《しゃくしじょうぎ》な教義の押しつけはみられない。巧みな話の展開と助修士と修道士との会話を通して、次の話が読みたくなるように構成されている。

以上からもキリスト教の浸透と天国と地獄の思想の展開、後になると煉獄の思想も関わるが、このようなキリスト教の死生観の展開のなかで、「アイスランド・サガ」にみられるような死者・亡者についての信仰も強固に生き続けていたことが解るだろう。

死者の報い

第一二章の死者の報いは全体で五九話からなり、天国の栄光を得た人の話と地獄へおちた人、煉獄で苦しんでいるが生者のとりなしによって救われる話などで、なかには煉獄とは何かという問題についての対話もある（第三八話）[24]。全体としてこの章についてはル・ゴフの『煉獄の誕生』に付け加えるところはないが、私の目でみて興味深いものをいくつか紹介しておこう。

第一六話に次のような話がある。[25]

＊　＊

《ある荘園に大変ひどい司祭がいて、彼はいつも賭事と欲望に衝き動かされ、自分が委ねられている教区民の魂のことなどまったく構わなかった。彼が死んだとき、彼の生存中に死んだ教区民が冥界の石をひろっては彼のまわりに群がって投げつけ、「わしらはお前に委ねられていたのに、お前がわしらを放っておいたからだ。わしらが罪を犯したとき、お前は言葉でも自らの手本によっても、それをやめさせてくれなかった。わしらが呪われたのはお前のせいだ」となじったのである。こうして石を投げつけ、彼を苦しめ、彼は深い穴に落ち、その影すらなかった。このことはある修道女が語った話である。》

これはおかしな話である。穴というのはカエサリウスの場合、地獄のことを意味しているのだが、地獄のなかにいる教区民が自分たちも苦しんでいるはずなのに、司祭を非難しあまつさえ石を投げ、より厳しい穴に落としてしまうのである。これを読むと地獄もまんざら悪くない場所のように思ってしまう。なぜなら地獄のなかでも抵抗ができることが示されているし、個人が自分たち仲間の現在の状況に反発することができるし、また教区民としての自覚をもっているようにみえるからである。P・ディンツェルバッハー〔一九四八年～。オーストリアの中世史家〕が問題にしたように、地獄にせよ天国にせよ最大の問題はそこへ行った瞬間に、われわれ自身がわれわれのアイデンティティを失ってしまうようにみえることである。もっともディンツェルバッハーは、現世の身分や集団があの世でも通用するケースをも伝えているのではあるが。

＊　　　＊

第一二話をみよう。(26)

＊　　　＊

《皇帝ハインリッヒがシチリアを征服した頃、パレルモの教会に首席司祭がいたが、彼は確かドイツ人だったと思う。ある日、素晴らしい馬がいなくなってしまったので、彼は召使にあちこち探させた。途中で出会った老人が召使に尋ねた。「どこへ行くのかね、そして何を探しているのかね」。「主人の馬を探しているのです」召使が答えると、老人は、「わしは馬がどこにいるか知っておるよ」という。「では、どこにいるのですか」と尋ねると、老人は答えた、「ギベル山だよ。私の主人のアーサー王がその馬をもっておられる」と。その山はエトナと同じく炎を吹き上げていた。老人はいった。「お前の主人に、一四日目にあの山の宮殿に来るようにいいなさい。もしお前が伝えないと、厳しい罰を受けるぞ」

召使は戻って主人におののきながら、聞いたことを伝えた。首席司祭はアーサー王の宮殿に招かれたことを聞いて笑いとばしたが、やがて病気になり、指定された日に亡くなった。この話はボンの聖堂参事会員をしているゴットシャルクから聞いた話だが、彼はそのときパレルモにいたという。

助修士　あなたの話は素晴らしいですね。

修道士　この山についてもっと話をしよう。》

＊　＊

この話につづく第一三話には、エトナ山が話題になるのだが、第一二話自体には死後の世界の話は直接の形では出てこない。ただギベル山が煉獄の場所として理解されていたために、ここで触れられたと推定しうるだけである。それよりもこの山やエトナ山が問題になるということは、当時の人びとの間に広まっていた民間伝承を充分に考慮した結果であり、煉獄とは関係のないアーサー王が登場する点も、カエサリウスならではという場面である。

地獄の食事

第一五話をみよう(27)。

＊　　＊

《かつて幻影が一度見えたことのあるトレーヴの司教区に、アンリー・ノドゥスという騎士がいた。この騎士は略奪、姦通、近親相姦、偽証その他の悪行をまるで気楽にしでかす悪人であった。彼がメネヴェルト地方で死んだ後、彼は羊の皮をかぶって多くの人の前に現れ、生前と同じく娘の家にも現れた。十字架をふりかざしても、剣をもっても、彼の亡霊を追い払うことができなかった。ときには剣で打撃を与えることもできたが、傷つくこともなく、あたかも柔らかいベッドを打つような音がするだけであった。

友人たちがトレーヴの司教ヨハンネスに相談したところ、彼が現れたら十字架の釘に聖水をかけ、家と娘とその亡霊にも聖水をかけるようにとのことであった。その通りにした後は現れなかった。娘は召使の女との間に生まれ、彼には正妻があったのだが、娘が成人になると彼は娘を誘惑したのだ。それもかなり前の話である。

助修士　戦争や騎馬試合で死んだ人のことは、どう考えるべきでしょうか。

修道士　もし戦争が自由を守るためである正しい戦争なら、悩むことはない。無辜《むこ》の者を攻撃することを悪魔がいかに望んでいるか、次にその例を示そう。》

＊　＊

この話は十字架をかざしても消えない強い亡者の例で、剣で打っても倒れないところは「アイスランド・サガ」の亡霊を思わせる。この亡者も娘を愛する思いから成仏できずにさまよい出てくるわけで、ここにも一般の人びとの考え方があるといえよう。一般の人びとの間では、「アイスランド・サガ」の世界は続いていたのである。打っても柔らかいベッドを打つように手応えがない点では、すでに亡者というよりも肉体をもたない亡霊に変化しているといってよいだろう。

第一八話をみよう。[28]

＊　＊

《ある騎士が死ぬとき、高利でためた財産を息子に残した。ある夜、彼は家の戸を強く叩いた。召使が出て、どなたですかと尋ねると、「入れろ、この国の領主だ」といい、名前をなのった。召使の少年は格子の間から外を覗いて彼をみとめたが、「御主人様はたしかに亡くなられました。あなたをお入れするわけにはいきません」と答えた。死者は戸を叩き続けても無駄だと知ったので、最後にこういった。「私があの世で食べているこの虫を息子に渡してくれ。戸に吊るしておくよ」

翌朝、外へ出てみると、ひき蛙や蛇が山のように吊るしてあった。実際それを硫黄の火で料理するのが、地獄の食事だったのである。

助修士　悪い生活を送りながら、たくさん施しをする人をどう思いますか。

修道士　永遠の救いを得るには役に立たないね。》

＊　＊

この話は、地獄の食事を伝えている珍しい例ではないかと思う。ひき蛙も蛇も上手に料理すれば、けっして不味《まず》い食物ではないと思われるのだが、そういうことではなく、地獄でも人びとが食事をしているという発想が独特なのでここにあげておいた。カエサリウスの語り口はたいへん巧みで、このようにして一般の人びとに話しかけ、地獄の生きたイメージを伝えたのである。

煉獄の誕生

第二四話は、ル・ゴフも取り上げている話である(29)。

＊　＊

《最近、リエージュの高利貸しが死んだが、司教は教会の墓地に埋葬することを拒んだ。彼の妻はローマ教皇庁に訴えて、教会墓地内への埋葬を許可してくれるよう懇願した。教皇が拒絶すると、彼女は夫のために次のように弁じた。「猊下《げいか》、聞くところによりますと、夫と妻は一体だと申します。使徒パウロは、不信心な者でも信心深い妻によって救われるといっております。夫にたりなかったことがあったとしても、私が喜んでその埋め合わせをし、隠修士となって夫の罪のために神のお許しが得られるようにいたします」

枢機卿《すうききよう》たちの弁護もあって、教皇が許可し、その男は教会墓地に葬られた。夫の墓近くに彼女は自分の庵を建て、そこに閉じこもり、昼も夜も夫の霊の救いのために喜捨《きしや》、祈り、断食をし、夫の魂のために神に願ったのである。

七年が過ぎたとき高利貸しが黒い衣服で現れ、彼女に感謝し、「神がお前に報い給わんことを。私は地獄の底から救われ、お前の努力によって恐ろしい苦しみからも救われた。もしお前があと七年、私のために同じ勤めをしてくれるなら、私は完全に救

地獄で七つの大罪に対して罰をうける人びと（1485年頃）

われるのだが」といったのである。彼女が夫のいう通りにすると、今度は夫は白い衣服を着て、嬉しそうな顔をしていった。「神様とお前のおかげでいま私は救われた」

助修士　地獄には贖罪がありえないのに、どうしてこの男は地獄の底から出ることができたのでしょうか。

修道士　地獄の底とは煉獄の厳しさのことをいうのだ。教会が死者のために祈る祈りと同じなのだ。「主イエス・キリストよ、すべての信心深い者の魂を地獄の底から救い給え」とあるのは、地獄の底におちた人のために祈るのではなく、救われる可能性のある者のために祈るのだ。地獄の手とか深淵の底とか獅子の口というのは、煉獄の苦しみのことを意味しているのだ。しかしこの高利貸しも臨終の床で痛悔の祈りをしなかったら、けっして罰を免れることはなかったであろう。だが神が貪欲をどれほど罰しておられるかは、次の話が示している。》

＊　＊

ル・ゴフはこの話に結婚の絆の強さを読み取りながらも、同時に高利貸しが救われた点に注目し、意想外としている。しかしすでにみたように、第一一章には高利貸しが救われる話はけっして少なくない。第三九・四〇・四一・四二話の説話があり、[30]これが初めてではない。ル・ゴフは十二世紀に煉獄の思想が成立し、煉獄は高利貸しの救済を可能にすることによって、資本主義の誕生に貢献したとまでいっている(31)。

しかしハイステルバッハのカエサリウスは、どのような人についても寛大であり、この点は高利貸しにだけ寛大なのではない。民衆と接する現場の司祭は、寛大な姿勢をもたなければならなかったからであろう。

以上、ハイステルバッハのカエサリウスの『奇跡をめぐる対話』を紹介しながら、このような説話集のなかに、古来の民衆の民間伝承が生き続け、とりこまれていることをみようとしてきた。以上は中世ラテン語の文献から明らかになる限りで取り上げたにすぎないのだが、年代を確定しえない中世伝説集のなかには、この他さまざまな形で亡者の群れが犇《ひし》めいており、そこにおける亡者の姿は『対話』ともまた異なった雰囲気をもっている。

しかしその内容に触れる前に、私たちはキリスト教の普及とともに罪の意識が広がっていき、煉獄の問題が発生したことに留意し、ここで罪の意識の問題に入っていくことにしよう。

第五章　罪の意識と国家権力の確立

『黄金伝説』やハイステルバッハのカエサリウスの『奇跡をめぐる対話』にみられるように、中世の死者のイメージはラテン語史料でみる限りはほとんど例外なく、地獄や煉獄で苦しみ、生者に助けを求める哀れな姿なのである。そこには「アイスランド・サガ」にみられる力強く恐ろしげな死者の姿はほとんど現れず、民間伝承のなかにかろうじてその姿をとどめているにすぎない。どうしてこれほど大きな変化が生じたのか。

その点が本章の中心となる問題であるが、この問題について考えようとすると、ラテン語史料にみられる死者のイメージが聖職者によって作られたものであり、教えられたものであることに注目しなければならない。何のためにどのような目的でこのような説話集が編まれ、煉獄の思想が語られたのかという問いを抜きにしては、この問題に全面的に答えることにはならないだろう。

罪の意識の成立

注目すべき論点としてまず、罪の意識の問題がある。すでにみたように「アイスランド・サガ」の死者には罪の意識はまったくなかった。しかし『黄金伝説』や『奇跡をめぐる対話』に出てくる死者は、罪のゆえに煉獄や地獄に送り込まれ、その罪を贖《あがな》うために苦しんでいるのである。西欧の歴史のなかでも、罪の意識の成立ほど大きな出来事はなかったといってもよいだろう。ここではまず、罪の意識と権力との関係に目を向けてみたい。

この点こそ日本の国家成立史と本質的に異なっているところと考えられるのだが、西欧の国家論には近世にいたるまで、アダムとイヴの楽園追放以来、人間が罪にまみれ、神の怒りをかった結果、支配・被支配の体制が不可避なものとなったという考え方が太い線となって流れていた。出発点となるのは、「創世記」第三章の記述と「ロマ書」第一三章の一節から七節である。

第一三章　凡ての人、上にある権威に服《したが》うべし。そは神によらぬ権威なく、あらゆる権威は神によりて立てらる。この故に権威にさからう者は神の定めに悖《もと》るなり、悖る者は自らその審判を招かん。長たる者は善き業の懼《おそ》れにあらず、悪しき業の懼れなり。なんじ権威を懼れざらんとするか、善をなせ、然らば彼より誉を得ん。かれは汝を益せんための神の役者なり。然れど悪をなさば懼れよ、彼は徒《いたず》らに剣をおびず、神の役者にして、悪をなす者に怒をもて報ゆるなり。然れば服わざるべからず、夙《つと》に怒の為のみならず、良心のためなり。また之がために汝ら貢を納む、彼らは神の仕人にして此の職に励《はげ》むなり。汝等その負債をおのおのに償え、貢を受くべき者に貢をおさめ、税を受くべき者に税をおさめ、畏るべき者をおそれ、尊ぶべき者をとうとべ。

問題をはっきりさせるために、すでに私たちが知っているテルトゥリアヌス（二二〇年頃没）がこの問題についてどう考えているのかをみよう。

テルトゥリアヌスのいうところによれば、神に似せて造られたアダムとイヴが楽園において特権的な位置を与えられ、全被造物に対する支配権を委ねられていたが、そこには掟があり、その掟を守っている限りで不死の状態を保つことができた。その掟とは禁じられた木の実を食べないことである。しかしアダムはその実を食べ、イヴとともに楽園から追放された。

楽園においては、二人は相互の愛と信頼に基づいて生きることができたが、神の罰を受けて以後は、世界は牢獄となり、霊は肉体の奴隷となった[1]。病気と辛苦が生活を惨めなものにし、最後には死が訪れる。この状態はアダムとイヴだけではなく、人類のすべての子孫に受け継がれていくことになるのである。このようになった原因は悪魔の誘惑によるものであるが、この悪が人間の本質をなし、人間は神の世界から遠ざけられたのである。しかしながら人間には神が与えた善も残っており、神の国に戻る道も開かれている。だが通常はデーモンの悪の世界にとどまるのである。

ヴォルフガング・シュトゥルナーは、このような人間の状態と国家による支配についてのテルトゥリアヌスの評価とは密接な関連があると説き、楽園追放の後この世の国家の盛衰は神の意のままとなり、すべての現世の権力は神に由来することになったという[2]。いわば楽園追放の後、不完全な生物となった人間にとって国家はやむをえないものとされたのである。国家は衣服や食糧、住宅と同様に、人間に必要なものと考えられていた。一応そのようにいいながら、テルトゥリアヌスは地上にある人間と同様に、国家においても善は悪によって被われているという。特にローマは神と戦う悪[あ]しきデーモンのもとで働く存在となり、楽園から追放された人間に相応しい国となったという。

ローマ帝国のなかで生きていたテルトゥリアヌスは、真のキリスト教徒はローマのような国においては、他人を支配したり王になったりすべきではないと考えており、官職につくことも軍人になることも許されないと考えていたのである。ローマ時代に生きたテルトゥリアヌスにとっては、やがてキリスト教徒が国家を形成することになるとは考えられないことであったから、この点で中世キリスト教国家論の出発点を成したのはアウグスティヌスである。

アウグスティヌスと中世キリスト教国家論

アウグスティヌスも、基本的にはテルトゥリアヌスと同様な考え方にたって論じている。創造の秩序のなかで人間には特別な地位が与えられており、天使と動物の中間の地位にある人間が理性をもち、他のすべての被造物よりもすぐれ、それらを支配する人間に理性が与えられていた。それに応じて人間は楽園では何不自由もなく、病気も知らず、死の恐れも知らずに喜びと幸運のなかで暮らしていた。楽園におけるアダムとイヴの互いの愛情に満ちた共同生活が、人間の共同体の模範とされるのである。皆が平等に、調和して生きる生き方である。

しかし人間は神に従わず、傲慢（superbia）になったため、楽園から追放された。人間にはもはや不死はなく、霊が肉体から離れるとすぐに肉体は死に、霊もやがて永遠の苦しみに落ちていくのである。我欲に目覚めた人間は、戦争や争いを起し、野獣のように相争う。その結果、劣れる者、弱い者は、勝者のもとで奴隷とされ、こうして神のもとでの平等とは違う支配と圧迫が生まれた。こうして楽園追放後、人間の奴隷化は二重に進められることになった。自分自身の欲望の奴隷となると同時に他人の奴隷となるという形で。[3]

カインが打ち立てた都市国家は、まさにその典型であり、ローマの建設も同様であ

悪魔の堕落とアダムとイヴの楽園追放（13世紀中頃・フランス）

る。こうして神への愛によって結ばれた集団の平等な生活の代わりに、我欲と支配、圧迫の上にたてられた、神に背いた者の共同体が成立することになった。とはいえ人間の地上の国（civitas terrena）は、完全に創造の秩序から排除されてしまったわけではない。それらの国も神の力のもとにあり、神の摂理によって勝利か圧迫かが決まり、神に対して従順でない人民を罰するためには暴君が置かれるのである。人間にはまだわずかの理性が残されており、善と悪とを見分けることができるとされる。

たとえばローマの台頭の理由を、アウグスティヌスは次のように説明する。初期のローマ人は、我欲を克服し、名声を求めようとする燃えるような欲望に衝き動かされていた。名誉と名声を彼らは国家のために求め、支配を拡大し、自由を得るために用いた。つまり共同体と祖国のために我欲を抑えたのである。このような行動によってローマ人は、他の人びとよりも優《まさ》った徳目を示し、神によってローマは覇権を得ることを許されたのである、と。(4)

ところでアウグスティヌスは、テルトゥリアヌスと異なって、キリスト教国家の存在を想い描くことができた。コンスタンティヌスやテオドシウス帝の例から、アウグスティヌスはキリスト教的支配者の姿を描いている。キリスト教的支配者は、どこでも永遠の救いを望む希望に導かれている。彼は神のみを見て神に従う。彼は自身が神の赦しを必要とする人間であり、自惚《うぬぼ》れず、謙虚さに満ちた人間でなければならない。権力はすべて神のために用い、神の栄光をあらゆる手段を用いて讃えようとする人間でなければならない[5]。

実際にアウグスティヌスは、キリスト教国家の可能性を考えることができた。そこにおいては地上の国（civitas terrena）がそうであるように、楽園追放の結果、支配と無秩序、法と裁判、戦争と脅威がある。しかしそれらはそれ自体で正当化されるのではなく、新たに大きな繋がりのなかに置かれることによって、質的な変化を被《こうむ》っている。つまりこの共同体（国家）の内的構造の全体は、始まりと目的（終局点）を神に置いているという点である。これによって国家のすべての構成部分と働きは、変ってこざるをえない。支配は神と人間を愛する奉仕に変り、従属は喜ばしい服従に変る。支配者と支配される者との関係は、神を敬い、愛と配慮によって結ばれた人間の共同体となる。裁判と戦争はその秩序を守り、普及するためにのみ存在する[6]。

しかしアウグスティヌスは、このようなキリスト教国家の成立を中心課題として論じたわけではない。全体としてアウグスティヌスはテルトゥリアヌスと同様に世俗の国家による支配に対して懐疑的な態度を崩すことはなかった。国家と支配のなかにアウグスティヌスは楽園追放にいたった人間の罪の結果としての罰をみていたからであり、これは本来の人間の生活秩序に反するものだという考えがあった。国家はやむをえざるものと考えられていたのである。

ところがグレゴリウス一世（五四〇頃～六〇四）になると国家の成立と意味に関する見解はかなり変ってくる。グレゴリウスも楽園追放によって人間が本来もっていた平等が失われたとする点では他の教父たちと異なってはいない。人間の欲望や弱点がそれぞれ異なっているように、神に対してもそれぞれ異なった態度をとるようになり、人間の誤り故に（ex vitio）人間の間に多様性（diversitas）が生じた。しかし神はそれをそのままにはしておかないのである。神は人間の間に新しい状況に相応しい秩序を置き、将来ある人びとが主として他の人間を統治するよう定めたのである。

しかしテルトゥリアヌスやアウグスティヌスと違ってグレゴリウスにとっては、この支配は本質的に神から遠い悪の領域に属するものではなく、その支配のもとに置かれることはそれ自体は病気や死のような神に対する不服従の故の罰とはみなされないのである。この点ではグレゴリウスは支配（オプリヒカイト）を初めから救済のための手段とみていたオリゲネス〔一八二頃～二五一頃。キリスト教神学者〕やクリュソストムス〔三四七頃～四〇七。キリスト教神学者・説教師〕などの何人かの教父たちと同じ考えをもっていた。もはやすべての人間が神のお気に召す生活を送ることはできないのだから、ひとりだけでも他の人びとを指導しなければならないのだというのである。したがって支配者は命令を出すだけでは充分ではなく自らの地位によって人びとに真に役立つこと、つまり彼に従う者の目を神に向けるために努力しなければならないのである。(7)

オプリヒカイトが罪に対する戦いの義務を遂行し、人びとが本来の自然に立ち戻ってゆくときにオプリヒカイトの仕事は根本において人間の間に平等を実現し、オプリヒカイト自体を消滅させることを目的とするものなのである。欲望がなくなれば、支配もその正統性と本来の意味を失い、支配する者も今や達成された平等(aequalitas)を真っ先に享受することになる。支配者は名誉ある特権をもできる限り放棄することになるのである。他方において世俗の権力が神の命令に頑強に背く者を恐怖と脅威によって罪から遠ざかるようしむけることはまったく正しい仕方である。支配者のこのような攻撃による政治はグレゴリウスにとっては頑《かたく》なな罪人たちに対してはやむをえないものと考えられていた。

以上ヴォルフガング・シュトゥルナーの研究に依拠しつつ中世初期の国家論がどれほど深く楽園追放以後の国家の理念に根ざし、そして罪との戦いを使命としているかを観察してきた。このような国家論はシュトゥルナーによると中世後期を通じて、ルター〔一四八三〜一五四六〕にまでいたる長い系譜をもっている。

しかし以上みてきた著述はすべて教皇や学者、神学者の論考であって、一般の人びとが直接に読むことができるようなものではなかった。本書における問題の立てかたから考えても、以上の論考がそのまま一般大衆の国家のイメージに影響を与え、罪の意識を強固にしたとはいいがたいのである。そこで私たちは以上の国家と罪の意識の問題を念頭におきながら、次に具体的な政治過程のなかにこの問題がどのような形で現れてくるのかをみなければならないだろう。

カール大帝の時代

グレゴリウスの時代はいうまでもなく、ヨーロッパ史がようやく始まりつつあった時代であり、カール大帝（七四二〜八一四）の時代においても、以上みたような国家と罪の意識が一般の人びとに普及していくにはきわめて困難な状況があった。八世紀においてなお、一般の民衆は、後でみるように日常生活においてはゲルマン民族時代の慣習・俗信のなかで生きており、キリスト教の福音は、ゲルマン民族の俗信や慣習の海のなかの小島とでもいうべき修道院や司教座聖堂のなかでかろうじて生きていたにすぎないからである。この時代のガロ・ローマの人びとがケルト、古代、ゲルマン

の遺制を強く保っていたことは、F・グラウスも述べている通りである。(8)

しかし五～六世紀から始まったキリスト教伝道は、着々と成果をあげつつあったし、なかんずくカール大帝の治世のもとで、ヨーロッパの社会は大変革のための一歩を踏み出していた。それはどのような変革であったか。一言でいってしまえば、社会のキリスト教化であった。

カロリング時代とはまさに、以上観察してきたようなローマ教皇や聖職者の世界観がフランク王権並びにフランクの社会と接触した時代なのである。八世紀の五〇年代は、その意味でヨーロッパ史における大きな変革の第一歩を印した時代であった。その点についてW・ウルマン〔一九一〇～一九八三。中世政治・法学者〕は次のようにいっている。


フランク王朝との交渉の過程で、教皇はイデオロギー上の青写真ともいうべきものに従って行動していた。それはさまざまな形や規範、用語に表れてはいるが、実質的にはキリスト教化されたローマの宇宙観である。八世紀の五〇年代までに教皇によって書き換えられた歴史地図は、教皇の青写真が実行に移されたことを意味しており、直接の影響として、フランク族のヨーロッパ化をも意味していた。さらにフランク王権が歴史過程の不可欠な担い手となったということであり、その源泉はローマ・ラテンの系譜から生じていた。実際のところフランクは、教皇の政策を実現するために利用しえた唯一の手段なのであった。(9)ウルマンは、カール大帝を自分が征服した広大な領域をキリスト教化しようとする伝道師にたとえている。

彼はそれを完成させる立場にはいなかった。なぜなら彼にとってキリスト教とは、激しい個人的な信仰の問題であるだけでなく、おそらくそれ以上に深い公的で社会的な関心の問題だったからである。(10)キリスト教を単に個人的な信仰の問題としてでなく、大衆の問題、社会の問題として自覚したところに、カールの優れた資質があった。しかしすでにみたように、抽象的なキリスト教の教義をどのようにして、ゲルマンの森から出てきた人びとに伝えるのか。それが大問題であったことはいうまでもない。

この点でカールが生涯の間、征服戦争を繰り返したことは、ここではあらためて述べない。その経過は、どのような歴史の書物にも書かれているからである。西はスペインのエーブロ河から東はエルベ河、北は北海、南は中部イタリアに及ぶ広大な土地を支配し、イングランド、スカンジナヴィアを除く全ゲルマン民族を支配したことを想起すればそれで充分であろう。

カロリング・ルネッサンス

ところでカールのこのような政治力は、軍事力だけによるものではなかった。その点についても、ウルマンの研究は非常に優れた視点を打ち出している。それはいわゆるカロリング・ルネッサンスの問題と関わってくる。カロリング・ルネッサンスとは、カールのイニシアティヴによって起った文芸の復興運動であり、ラテン語による文化の花を開かせた運動として評価されている。ウルマンは、この問題について次のように述べている。

この文芸の運動は、王家による公的なものであり、王自身により発案され、宣伝され、実施された運動であったが、王のラテン語の知識はよく知られているようにあやふやなものであった。そこでわたしは、次のように問わずにはいられないのだ。カール大帝ほどの政治的能力をもち、実践能力と器量を具え、具体的な現実を誤ることなく評価しうる人間が、純粋に学芸・文化の運動にこれほどのエネルギーを注ぐということがありうるのであろうか。……文芸のルネッサンスはあらゆる点からみて、それ自体が目的だったのだろうか。……私が理解しがたいのは、そして私が知りたいと思い、質問したいのは、――ルネッサンスと呼んでもよい――ひとつの文芸・文化の運動が周辺の社会となんの繋がりもなく、真空の空間のなかに浮かんでいるということがどうしてありうるのか、という点なのである。(11)

ウルマンのいう通り、これまでカロリング・ルネッサンスの研究をしてきた人びとは、近・現代の文芸についてのイメージをこの時代に投影し、そこに文芸復興の姿をみていたのであった。しかし八、九世紀のヨーロッパは十八、九世紀ときわめて隔たった社会であった。ゲルマン民族の異教的慣習や俗信の海のなかに浮かんだ小島の上で、純粋に学芸に打ち込むほど、カールは好人物でも学問好きでもなかったのである。カロリング・ルネッサンスはもっと現実的で、カールの王としての関心のもとで進められたものであり、ウルマンはそれをフランク人民の再生の道を探るための運動であったとみているのである。

カールが目論んだルネッサンスとは、教父の教えにあるようなキリスト教の教義と合致した形でフランクの社会を変革してゆくことであった。この点をウルマンは、次のようにいっている。「西ヨーロッパに関しては、このとき初めて一つの社会の性格を特定の教義、キリスト教の規範に基づいて形成しようとする努力が始められたのである」(12)と。より具体的にいうならばそれ以前の社会が自然の諸力、つまり慣習、経験、伝統、歴史などの働きの結果、作られてきていたのに対し、いまや社会をカールの提案のもとで教義と教説の圧倒的な権威に服させようとしたのであり、フランク王国がそれまでもっていた自然な形は、いまや法律や勅令、規定などを通して、非自然的、非人間的な源泉に由来する規範や公理、原理に服せしめられることになった。それは歴史、慣習、伝統、その他自然の人間性に属する他のいっさいの特徴とはなんの関係ももたず、ただひたすら神に属し、神に由来する諸特徴をもつ社会の建設を意味していたのである。

このことをウルマンは、考えられる最大規模でのひとつの社会の洗礼といっている。この運動にはアインハルト〔七七〇頃〜八四〇頃。教職者・歴史家。『カール大帝伝』を著す〕の他イングランドのアルクイン〔七三〇頃〜八〇四。キリスト教神学者〕、スペインのテオドゥルフ〔七五〇頃〜八二一。キリスト教神学者〕、などのすぐれた学者が集められていた。

これは教会の学問が、世俗政府の中枢に置かれたことを意味している。教会の学問(ecclesiology)の主体となる教会は、この世にありながら世俗から離れて神に自らの統一体の源泉をみようとする人びとの共同体、教会であり、このような性格をもつ教会がこれまでのゲルマン民族の家族、種族、集団などの集合体のうえに、イデオロギーとして置かれたのである。前者は自然の働きが仕組んだものであり、後者は心のなか、精神から生まれたものである。前者に属するのが動物としての人間であり、後者に属するのが新しく創造された洗礼を受けたキリスト教徒であり、いずれにせよ個人の場合も社会の場合も、そこにはルネッサンス(再生)があったという。

このようなウルマンの考え方の基本線を、私は認めたいと思う。もとよりウルマンは、再生《ルネッサンス》に重点を置くあまり、ゲルマン民族の家族、種族、諸集団の間にはなんの脈絡もなく偶然の集合にすぎないものとみようとする傾向があり、またキリスト教会の教会学にも、神に由来する非人間的なものをみようとする傾向がある。この二つの点については私はウルマンに同調しえないが、カロリング・ルネッサンスに、ウルマンがいうような社会的意味を認めようとする傾向は承認したいと思う。

この時代の学芸について、私たちは現代の学芸の在り方から類推してはならないだろう。現代の学芸は、権力や政治とは一定の距離をおいて営まれるということが、一応の前提になっている。しかしカロリング時代の学芸は、政治と深く関わっていた。この時代の学者たちはウルマンのいう社会のルネッサンスのための教説を生み出すために、カールに全面的に協力していた。さらにもうひとつ明瞭にしておかなければならないのは、カロリング時代の大衆が、政府からかなり離れた場所にいたという点である。政府と大衆との間に大きな距離があったからこそ、カロリング・ルネッサンスが必要になっていったのである。

さらにもうひとつ付け加えておくべき点は、カロリングの国家と教会の間には明瞭な区別が存在しなかったという点である。それはウルマンによると、この世の生活は彼岸のための準備にほかならず、したがって現世の問題と彼岸の問題が融合していたからだという。(13) この点については、私は意見を留保しておきたいと思う。ウルマンはフランクの聖職者と大衆の間の距離を認めながらも、大衆の側の独自の宇宙観の存在には目を向けていないからである。

カールの勅令とカロリング期の会議

カールによるフランク王国の革新は、七四二年の会議に始まるといわれる。それは聖ボニファティウス〔六七二頃〜七五四。フランク王国にキリスト教を伝えた宣教師。聖人〕が主催したもので、神の民（populus Dei）のために、神の法と教会の宗教を確立することを目的としていたと勅令にはある。この神の民という表現は、フランク王国の人民に向けたものであって、それまでの慣習や伝統など過去から受け継いできたすべてを捨て、変身することを求めたものである。いまや神の民は伝統的な社会関係、古びてしまった法や慣習を捨てて、神の民としての法に従って生きてゆくことを求められている。

八〇二年にカールがアーヘンで出した勅令においても、神の命令と教会の法を守り、神に仕えることを求めている。その具体的な内容は後でみることになるが、カールの一連の勅令は基本的に同じ内容のものであり、今の私たちの目には、はたしてそのような方針が成功したのかどうか不思議に思われる。ゲルマン民族が長年にわたって形成してきた慣習や伝統が、こうした一連の勅令によってどの程度変化したのか、疑念を払拭することはできないからである。しかし現実に外見だけからみると、カールの試みは成功したようにみえる。この点についてはウルマンは、ダイナミックな王の政策や教会の努力のほかに、伝統的な勢力の側に有効な防御の能力がなかったためとしている。この問題については次章でもう少し具体的に扱うことにしたい。

カロリング期の会議は、実質的に王によって召集されたが、カロリングの政策の実施にあたっては、聖職者が単なる助言者の地位から実質的に中心的地位につくことになる。これには二つの理由があったとウルマンはいう。ひとつは公教育を担当するカールの周辺の人びとが、宮廷や裁判所にいて具体的な政策を実行に移したからである。アルクインのアカデミーといわれるものも、そのなかに入るものである。彼らはカールの面前で互いに議論をし、新しい考え方を普及させていった。

理由の第二は、アカデミーに出入りした者は、司教や修道院長その他当時の教会会議のメンバーで、だいたい同じ顔ぶれであったことに求められる。彼らはひとたび王から召集されると、全体としてまとまった個性を打ち出し、大きな影響力を作り上げたという。彼らが会議で出した規則などは、より下層の教会に伝えられ、新しい教会を作ろうとしている機関が草の根にあたる大衆と接触することになったのである。これらの宮廷に出入りしていた学者の弟子が、日常的な世俗的社会で教師の仕事を受け継いでいた。

教会がこのような努力をして、王を通して実現しようとしていた社会は、神を源泉とし、聖書に基づく社会であり、その内実は本章の前半でみたように神学者によって示されたものであった。しかし、強力なゲルマン民族の伝統的社会のなかで、このよ

カール大帝はソロモン王としての自覚をもち、行動していた。この絵は中央に智慧が座し、まわりに八角の壁がめぐらされている。アーヘンの教会を模したもの（9世紀）

うな観念的な体系に基づく国家を形成しようとするには、きわめて大きな困難が伴うことはいうまでもない。そのために教会は偽文書などを作りもしたが、それよりも大きな影響力をもったのは、勅令（capitularia）であった。勅令は、会議の内容を引用したり繰り返すことによって、会議と密接な関わりをもっていた。勅令は洗礼盤に関する規定から、祭日・休日を守ること、裁判、斎日《さいにち》、偽証、結婚、利子など、教会の問題から日常生活の問題にいたるすべての問題を扱い、ウルマンのいうフランク王国のルネッサンスの重要な手段であった。

たとえばカール大帝の勅令では、女性が祭壇用のリネンを作製することを定めているし、聖職者は告解をする者に飲み物や肉を勧めてはならないなど、細かな点も定められている。(14) 一例として、七八九年の「一般訓令」(admonitio generalis) をみよう。

「一般訓令」

八二章からなる「一般訓令」の前半は教会法の抜粋であり、後半でキリスト教の教義に基づく規範が扱われている。そこでは説教の問題と学校教育の問題が、私たちの関心を惹く。説教の在り方は、当時のキリスト教の普及度からいってカールの最大の関心事であった。すでに述べたように、都市部の住民や貴族など社会の上層部はキリスト教化されていたが、農村の大部分にキリスト教の福音はまだ届いていなかったのである。そこで司教に対して説教のために司祭を送り出すこと、そして聖書を説明し解説するよう命じている。したがって人びとが理解できるような説教が行われているかどうかは、大きな問題であった（第七〇章）。また司祭が正しく説教しているかどうか、聖書に従っているかどうかを、司教が監視するよう求められている。[15] 現実に民衆と接し教義を伝えるのは、この時代には個々の司祭であったから、司教はそれらの司祭を監督し教育しなければならなかったのである。

説教の主題となるべき点も示されている。神性の本質について、三位一体の神秘について、キリストの受肉と復活について、といった宗教上の問題だけでなく、日常生活の飲食などにいたるまで説教の対象となっていた。当時、キリスト教徒であるということは、どういうことであったか。カロリング・ルネッサンスを支えたオルレアンの司教テオドゥルフによると、俗人のすべての信徒は、主禱文と使徒信経を覚えていなければならず、これが信徒たる基本条件とされている。また一日に、少なくとも二回は祈らねばならないという。すでにみたようにアルルのカエサリウスなどは、自ら説教用のハンドブックを書き、一般大衆に訴える方法を教えていたのである。

「一般訓令」のもうひとつの柱は、学校教育であった。すでに六世紀初頭のガリアには小教区学校が作られていたが、その間に衰退したこの種の学校を、カールは復活させようとしていた。第六二章では自由人・非自由人の区別なく、子どもたちを集めて教育を授けるための学校を開くよう司教に命じている。教育の内容は、主として宗教教育であり、主禱文と使徒信経が正しく唱えられるための教育でもあった。しかし現実には小教区学校は、それほど多くは設立されていなかったように思われる。[16]

七八九年の「一般訓令」は、キリスト教の教義に基づいて日常生活を送らせるための基本的問題を論じたものといってもよいだろう。いまだゲルマン民族の伝統的な宗教・俗信の世界に生きていた一般人をキリスト教化するためには、説教や学校の設立だけでは不充分であったから、新しい日常生活の空間を形成しなければならなかった。八世紀末以来、教区が各地に形成され、教区こそが宗教教育の中心であると同時に社会生活の中心ともなっていった。ひとつの教区の人間は、他の教区の礼拝に参加してはならないと規定されていた。ひとつの教区の人間は、他の教区に二重に属することはできないのである。それは十分の一税が教区単位で徴収されたためであり、教区はそういう意味では経済的な単位でもあったからである。

ウルマンによると、東フランクには八四七年頃に三五〇〇の教区があったという。[17]西フランクでは、もっと数が多かったと考えられる。八九五年には教区の監督を充分に行うために、各教区の間は最低五マイル〔約八キロメートル〕は離れていなければならないと定められていた。すでに第四章でみたハイステルバッハのカエサリウスの説話集にあるように、(18)教区司祭は教区民に対しては小支配者のごとき地位にあった。彼らは、教区民の道徳や日常生活の行動にも責任をもたねばならない存在だったからである。彼らは教会の法や規範を体現する存在でもあった。

こうしてフランク社会を革新し、再生させ、キリスト教社会とするための重要な処置がとられたことになる。教会法と国王の法と結びついた学芸と教義、そしてその担い手としての聖職者が、社会の最下層にいたるまで教区を通して掌握する仕組みが作られたからである。ゲルマン人の社会は抽象的な観念をいまだ知らず、すべては具象的な表現方法によって表されていた社会であった。このような社会に、きわめて抽象的な神の法に基づくキリスト教国家を樹立しようとするカールの試みは、まことに壮大なものであった。カロリング・ルネッサンスは、まさにそのための民衆教化の手段として重要な意味をもっていたのである。

ウルマンのカロリング・ルネッサンス論は、この他に支配者の位置の大きな変化、王権の在り方の変化など、重要な論点を含むものであるが、当面の課題ではないのでここでは触れない。

第六章　キリスト教の教義とゲルマン的俗信との拮抗

――「贖罪規定書」にみる俗信の姿

ウルマンの「カロリング・ルネッサンス」論はきわめて刺激的な研究であり、私たちもそこからうるところは大きい。しかしキリスト教の教義を布教しようとした現場の教区司祭と、一般民衆との関係については、抽象的な見通しが述べられているにすぎないのである。これまでの研究は、カール大帝の「一般訓令」に関する研究でも、カールにとって民衆教化がいかに大きな事業であったかについては充分に述べられていても、その民衆教化が具体的にはどのようにして行われたのかを説明したものは、皆無であったといってよいであろう。

私たちは前章で、フランク王国そのものが理念的には罪の意識を出発点にもつ国家であり、グレゴリウス以後の国家の評価には変更がみられるとしても、カールの狙いがフランク王国のキリスト教化であった限りで、現世にキリスト教的な国を樹立しようとしたものであることをみてきた。

ところでキリスト教化するとは、いったいどういうことか。主禱文と使徒信経が唱えられればキリスト教信徒であるというのは、表面的な形にすぎない。もとよりこの表面的な形が大きな意味をもったのが、中世初期という時代であったことは否定できないのだが、もしウルマンのいうようなフランク王国の再生、生まれ変わりを意図したものであったとするならば、個々人の日常生活の細部にいたるまでキリスト教の教義に照らし出され、それによって導かれるような社会を意味するのでなければならないだろう。

罪の意識の問題は、その次元にまで深められて初めて、私たちの最初の問いかけに答えることができるのである。したがって本章では、伝道の最先端の現場にいる司祭たちが、村民や町人たち、あるいは騎士たちに対して、日常生活のなかでどのような指導をしたのかをみようと思うのである。

このような事情が解る資料があるのかがまず問題になるが、すでにアーロン・グレーヴィッチが案内しているように、私たちはこの問題について恰好の資料をもっている。H・J・シュミッツ（Hermann Joseph Schmitz. 一八四一〜一八九九）の編になる『贖罪規定書ならびに教会の贖罪規定』である。[1]「贖罪規定書」の内容に入る前に、「贖罪規定書」とは何かを簡単にみておくことにしよう。

「贖罪規定書」の構成

「贖罪規定書」(Libri Poenitentiales, Bussbücher) とは、贖罪を必要とする罪の目録であり、その罪を贖うための罰の内容をも規定した、告解を聞く司祭のためのハンドブックである。司祭は告解をする教区民に質問をし、その答えを聞いて罰を定めるのである。教区民の答えは、もちろん書かれていない。しかし質問の内容から、私たちは教区民の生活の実態にかなり接近しうるのである。

「贖罪規定書」は、五〜六世紀にまずウェールズとアイルランドで成立し、やがてフランク王国やアングロ・サクソンにも知られ、後になってフランス、ドイツ、イタリア、スペイン、スカンジナヴィア半島にも広まっていったものである。

シュミッツは「贖罪規定書」の手書本を刊本として出しているが、そこには数多くの手書本群が次のように分類されている。[2]

(a)　ローマ群
(b)　アングロ・サクソン群
(c)　いわゆるフランクの「贖罪規定書」
(d)　「贖罪規定書」の第三期　九〜十一世紀における組織的編纂
(e)　第四期　グラティアヌスからトリエント公会議まで

これらの多くは八世紀から十三世紀の間に書かれている。そのなかでも十一世紀初頭のヴォルムスの司教ブルヒャルトの「矯正者・医者」(Corrector Medicus)は特に内容が豊富で、私たちの関心を惹くものである。「贖罪規定書」の文章は、どんな聴罪司祭でも理解できるように、素朴で簡潔な文体で書かれているが、現実に告解を聞く段階では、司祭はこれらの規定書に基づいてそれを各国の俗語に訳して告解を聞いたのである。

アングロ・サクソン語に訳された『エグベルトの贖罪規定書』は現存している。ヴァティカンにある Codex Vatican 4772 fol. 190 の『ゲルマニア教会一般贖罪規定書』(後に示す「ヴォルムスのブルヒャルトの贖罪規定書」を含む)には、告解をする者が恥ずかしがって語り出せないでいるときには、次のようにいうようにと指示している。

「大切な我が子よ、自分のしたことのすべてを思い出せなくてもよい。私がお前に質問をすることにしよう。しかしお前が悪魔に唆《そその》かされて、何かを私に隠すことがないように注意しなさい(3)」

「贖罪規定書」の主文は、あらゆる罪の解釈とそれに対する贖罪の罰の規定であった。Poenitentiale Cassinense では、質問に入る前に、次のように司祭は述べることになっている。

「我が子よ、自分の罪を告白することを恥じてはならない。神のほか罪を犯さない者はいないのだから。何より大切なのは自分で追及し、自分に罪があることを告白することなのだ」[4]

以上で始まる言葉の後で、(1)殺人、[5] (2)売淫あるいは姦通、[6] (3)夢精、[7] (4)偽誓、[8] (5)偽りの証言、[9] (6)誹謗あるいは憎しみ、[10] (7)妻を疑い、裁くこと、[11] (8)詐欺、[12] (9)食べてはならない動物について、[13] (10)後になって俗世界に戻りたいと神に願った者について、[14] などの罪があげられる。それぞれにコメントが付いている。基本的にはどの「贖罪規定書」も同じような構造をもっており、次々と筆写されて全西欧に広がってゆくことになるのだが、時代と場所によって質問事項に変更がみられ、そのつど新しい問題が扱われている。

罪は病気の一種と考えられており、外から霊のなかに入り込むものであるから、病気と同様に取り除かなければならないものと考えられていた。罪も悪徳も当時の人びとにとっては、世界の他のものと同様に対象化しうるものと考えられていたのである。[15] したがって「贖罪規定書」においては、精神的な悔い改めよりも教会の罰が科されていた。しかもその罰にも、代人をたてることができたのである。

九世紀以降の「贖罪規定書」では、断食ができない者には代わりに代金を払うことを認めていた。たとえば金持ちなら七週間の食事制限（パンと水と緑野菜だけ）の代わりに二〇ソリドゥスを、豊かでない者は一〇ソリドゥス、そして極貧の場合は三ソリドゥスという具合であった。[16]

グレーヴィッチは、次のような例もあげている。イングランドでは、豪族なら七年間の食事制限（パンと水だけ）の罰を三日間で片付けることができたという。まず一二人の人間に協力を求め、ついで一二〇人の人間七組にそれぞれ三日間パンと水と緑野菜だけで過ごさせる。そして全体で七年分の食事制限に相当するようにするのである。これはイングランド王エドガー（九四四～九七五）が豪族に対して定めたものであった。[17]

このような代人の考え方は、中世社会に特有のものであって、個人と共同体との関係をはっきり示すものであったといえよう。グレーヴィッチはここで、「贖罪規定書」においては罪と罰が中心となっており、個人は告解という儀式には登場するがその決定的な意味は背後に退いているといっている。この点で「贖罪規定書」は、当時の法書集成に似ている。「贖罪規定書」は、ひとつの社会の罪深さに対して戦いを挑んだものであるが、それは暴力と残虐な行為が許されない不自然なこととは必ずしもみなされていなかった社会の刻印を押されているという。

しかしながら司祭は、告解をした者に悔い改めを求める。彼にとっては、罪は個人の内的状態に関わる犯罪を意味していたからなのである。したがって「贖罪規定書」においては、罪と罰との間に具体的な均衡を保とうとする配慮のために、個人が背後に退いていることを確認しながらも、同時に一連の著者たちが、罰が罪を犯した人の人格にも対応するものであるように配慮していることは認めなければならない、とグレーヴィッチはいっている(18)。

罪を犯したという点では皆同じであるが、皆が同じ基準で裁かれているわけではない。性別、年齢、身分、精神状態などを考慮しなければならないのである。罪を犯した者が富める者か貧しい者か、修道士か在俗司祭か俗人か、教育がある者か無学な者か、幼児か少年か、未成年か成年か老人か、健康な者か病人か、自由人か不自由人か、それぞれの必要に応じて治療するにはさまざまな方法があり、告解を聞く司祭は、個人の事情をあたかも医師がするように配慮しなければならないとされているのである。

かねてから中世における個人・人格の問題に関心を寄せているグレーヴィッチは、「贖罪規定書」をもその観点から評価している。中世においては、個人がキリスト教徒の共同体に入ること、つまり教会のメンバーになることに、社会化の決定的な意味がおかれていた。

聖職者には独自の道徳規範があり、行動の規準があった。そして「贖罪規定書」には、まさに信仰共同体のメンバーに宗教的な基準を守らせ、個人をひとつの社会組織のなかに組み入れていこうとする配慮が貫かれていた。「神学者の道徳に関する論文」と並んで「贖罪規定書」は、この時代のもっとも重要な倫理の記念碑なのである(19)。それと同時に教会は、ゲルマン人の血縁共同体、氏族共同体、部族団体に代わって、新しい教会の共同体を作り出し、その共同体は新しい食事に関する禁止事項や、性についての禁止事項などをもち、家族のタブーにも新しい禁止事項によって介入した。こうした点も「贖罪規定書」のなかにはっきりと示されている。

さらにグレーヴィッチは、「贖罪規定書」によって、教会が民衆の世界観とどのような関係をもっていたかが明らかになるといっている。これは私がすでに前著で論じてきた、二つの宇宙の一つの宇宙への一元化という観点を具体的に論証する材料として、重要なものといえよう(20)。

ところで、いうまでもないことだが、「贖罪規定書」は全篇を通じて罪の列挙に終始している。前章でみたように、西欧の国家理念は基本的に罪の意識から始まっている。「贖罪規定書」はこの罪の意識を民衆のなかに植えつけ、教会と結合した国家が、ゲルマン古来の伝統的世界に生きている民衆に上から枠を嵌めようとするものであった。それがどのように凄まじいものであったかは、具体的に「贖罪規定書」の原文にあたってみなければ、充分には解らないであろう。

そこで「贖罪規定書」のなかでも最も内容の豊かな、ヴォルムスのブルヒャルトの「矯正者・医者」(Corrector Medicus　一〇〇八頃～一〇一二)の内容をみることにしよう。

ヴォルムスのブルヒャルトの「矯正者・医者」

ヴォルムスのブルヒャルトは一〇〇〇年頃にヴォルムスの司祭から司教になったすぐれた聖職者で、教会改革者としても知られていた。オットー三世〈在位九八三～一〇〇二〉、ハインリッヒ二世〈在位一〇〇二～一〇二四〉、コンラート二世〈在位一〇二四～一〇三九〉の三人の皇帝と親しい関係をもっていた。もっとも知られている作品は、『勅令集』(Decretum　一〇〇八～一〇一二)で教会行政に関する記録の集成である。

ブルヒャルトの「贖罪規定書」は、フランクとアイルランド、アングロ・サクソンの「贖罪規定書」を、ローマの「贖罪規定書」をもとに纏《まと》めあげたもので、『勅令集』のなかにかなり含まれている。この一九章はブルヒャルトの初めの文章によって、Corrector Medicus と呼ばれ、著者の「贖罪規定書」の組織的な纏《まと》めというべき内容のものである。テキストについてはヴァッサーシュレーベン（Wasserschleben）のものとミーニュ〔Jaques Paul Migne. 一八〇〇～一八七五。フランスのキリスト教神学者〕のもの、さらにバレリーニ（Ballerini）のもの、シュミッツ（Schmitz）によるものなどがあるが、ここでは私が入手しえたシュミッツのテキストを用い、必要に応じてミーニュ[21]を参照することにする。

シュミッツのテキストは、Codex Vatican 4772 fol. 190 を用いている。初めの数頁には、ordo として祈りが掲げられている。それはわれわれの当面の問題とは直接関わりがないので、省略する。

第一九章が始まる。[22] 本章は「矯正者・医者」と呼ばれる。なぜなら本章は身体を矯正する数多くの仕方と霊魂のための薬を扱っているからであり、たとえ教育のない司祭でも、聖職にあろうとなかろうと、富める者であろうと貧者であろうと、少年であれ成人であれ老人であれ、健康な者であれ身体の弱い者であれ、あらゆる年齢の者、男女を問わず、それぞれの人に助力を与えることができるように作られているからである。

教区司祭はいつ教会の権威に基づいて、争う者に和解を呼びかけたり、罪を犯した者に贖罪を呼びかけるのか。

大斎日《レント》（四旬節）が始まる前の週のうちに、教区司祭は教区民を集め、争う者たちを教会の権威によって和解させ、あらゆる争論を治め、その後初めて告解する者に贖罪を与える。したがって四旬節が始まる前に、すべての者は告解をする。そして贖罪を行い、皆が自由にわれらが債権者を許すがごとく、我が負債をも許したまえといえるようにする。

告白にきた者に対して司祭の唱えるべき祈り。省略。

告解と贖罪ならびに和解について。そして自分の罪を告白しようとする者に対する質問、ならびに贖罪を全うするための指示について。

ついで司祭は告解をする者に優しく親切に、まずその者が信ずる信仰について尋ね、次のように言うべし。

大切な我が子よ、自分のしたことのすべてを思い出せなくてもよい。私がお前に質問をすることにしよう。しかしお前が、悪魔に唆されて何かを私に隠すことがないように注意しなさい。

お前は聖父と聖子と聖霊を信ずるか。答　信じます。

この三つのお方が一つの神であることを信ずるか。答　信じます。

お前は最後の審判の日に、今のお前の肉体をもって蘇り、お前が為したことによって善か悪かの審判を受けねばならないことを信ずるか。答　信じます。

お前に対してなされた他の者の罪を許す気があるか。主はこう言われている、「もし人を許さずば、汝らの主も汝らの過失を許したまわず」と。答　許します。

ついで司祭は丁寧に、告白者が近親相姦をしていないかどうか、あるいは上の者に従わないでいるかどうかを尋ねる。もし近親相姦をやめないなら、贖罪を与えてはならない。やめる気があるなら、与えてもよい。これらの事柄を尋ねた後、司祭は愛情をこめて告解者に次のように言うべし。

兄弟よ、お前の罪を告白することを恥じてはならない。私も罪人なのだ。ことによったら私の犯した罪の方が、お前の罪よりも重いかもしれないのだから。これらのことについて戒《いまし》めておきたいのは、聖グレゴリウスもいわれているように、罪を犯したり、犯したことを告解の席で述べないだけでなく、否定し、自分を守ろうとしてすでに明らかになっていることの上塗りをすることは、人間の性《さが》ともいうべき過ちなのだ。われわれが犯した重罪は悪魔に唆されたものであり、悪魔の囁《ささや》きによって何の恥ずる気もなく犯したのである。しかるに告解の席では、悪魔の説得によって言葉に出すことを恥じ、ともすると同じ罪を犯したかもしれない人間の前では恥ずるべきではないことを語るのを躊躇する。神はすべてを見守り給うのであるから、心に恥ずることはないし、告解を恐れる必要もないのである。誰にも強制されずに率直に、自分が犯した罪を告白しよう。もしわれわれが自分の罪を隠すなら、それらは罪の訴追者でもあり、教唆者でもある主によって、白日の下に曝されよう。なぜならわれわれを罪に駆り立て、犯した罪を裁くのも主だからである。この世においてわれわれが、主よりも先に自ら自分の悪行の訴追者となることができるなら、われわれの敵であり訴追者である悪魔の審問を逃れることができよう。パウロは次のようにいわれている。「われわれもし自ら己れをわきまえなば、裁かるることなからん」

　告解者が恥ずかしがっていると判断されるときは、司祭は先に進み次のように質問すべし。愛しい子よ、もしかするとお前のしたことのすべてを思い出せないのかもしれない。そこで私が質問しよう。しかしお前は、悪魔に唆されて何かを私に隠すことがないように注意しなさい。

殺人と贖罪

第一章　戦時ではないときに、何の必要もなく、ただ相手の物を自分の物にするために、意図的に人を殺したことがあるか[23]。もし殺したのであれば、続けて四〇日間、水とパンだけで暮らさねばならない。人びとがカリナ（quarantena＝四〇日間）と呼んでいる期間である。それを七年間続けて守らねばならない。

第二章　最初の年は四〇日間が過ぎた後、お前はワイン、蜜酒、チーズ、その他脂の多い魚を断たねばならない。司教区で皆が祝う祭日は、その限りではない。もしお前が遠い旅に出ていたり、王の軍隊にいたり、あるいは身体が弱っている場合は、火曜日、木曜日、土曜日に、それぞれ一デナリウスあるいは一デナリウスの価値のあるものを出してそれに代えるか、三人の貧民に食事を与えることで代えることもできる。ただし上に述べた三種の食物のうち、一種だけを用いるものとする。次にワイン、蜜酒、蜜を加えたビールのいずれか一つを用いるものとする。お前が帰宅したり、健康を回復した場合は、代償をなすことは許されない。一年が終わった後、教会に行け。そうすれば、平和の接吻が与えられるであろう。

第三章　二年目と三年目も同じように食事制限をしなければならないが、火曜日、木曜日、土曜日には、上にあげた代償を出すことができる。他のすべてをお前は最初の年と同じく誠実に守らねばならない。

第四章　残っている四年間は、四〇日間の食事制限を正式の斎日《さいにち》に行うことができる。最初は復活祭前の斎日で、他の信徒とともに行う。第二は洗礼者ヨハネの祝日の前であるが、時間がたりなければ後で補えばよろしい。第三は主の降誕節の前であり、ワイン、蜜酒、蜜を加えたビール、肉、油、チーズ、脂の多い魚を断たねばならない。

第五章　上に述べた四年間、お前は火曜日、木曜日、土曜日には欲する物を食することができる。月曜日と水曜日には、すでに上に述べた価格の代償を払うことができる。金曜日にはパンと水だけの食事を守らねばならない。これらの要件を満たした後、お前は生涯贖罪をし続け、生涯の間、金曜日にはパンと水だけで過ごすという条件で聖体を拝領できる。もしお前が欲するなら、一デナリウスまたは等価のもので代償を払うか、三人の貧民を養うことで代えることもできる。

第六章　以上はお前に対する憐れみから認められたものであり、厳格な教会法によるものではない。なぜなら教会法には、次のように定められているからである。意図的に貪欲によって人を殺した者は、世を捨て修道院に入り、そこで生涯神に仕うべし。

第七章から一四章は、殺人のときのさまざまな重い事例を扱っているが、省略。

第一五章　お前は両親殺しを犯しているか。[24]父母、兄弟、姉妹、伯父、叔父、伯母、叔母などを殺していないか。もし意図的でなく事故により、怒りにかられて打ったのではなく偶然殺してしまった場合でも、通常の意図的な殺人の場合と同じ贖罪をしなければならない。しかし意図的にあるいは怒りにかられて殺した場合、次の通りにしなければならない。一年の間、お前は教会の戸の前で主の憐れみを乞わねばならない。一年が終わった後、教会のなかに入ることが許される。教会の隅に、一年が終わるまで立たねばならない。これらの要件が満たされたとき、お前の贖罪の結果が認められれば、キリストの肉と血が与えられるであろう。それはお前を絶望で苦しめないためである。お前は生涯肉を食してはならない。そのうえお前は九時課（nones＝現在の午後三時）まで、祭日と日曜を除いて毎日断食しなければならない。さらに一週に三日はワイン、蜜酒、蜜を加えたビールを飲んではならない。異教徒と戦うとき以外は、武器をとってはならない。そしてどこへ行くときでも馬車に乗らず、自分の足で歩いて行かねばならない。お前に妻がいる場合、妻と別れてはならない。妻がいない場合には、妻を娶《めと》ってはならない。贖罪の期間については、司教がお前の行動を見て、延期するか短縮するかを定めることになる。

第一六章から二二章は偶発的な事故による殺人を扱っているので省略する。

第二三章　お前は上の者を殺したことがあるか。あるいはその者やお前の妻を殺すか、身体の一部を傷つけるための謀《はか》りごとをしたことがあるか。その場合、二つの道を提示しよう。お前がよいと思う道を選ぶがよい。第一の道は、この移ろいやすい世を捨て、修道院に入り、院長の指導のもとで謙虚に暮らし、院長が命ずることをすべて素直な心で守ることである。

第二四章　第二の道は次の通りである。武器を捨て、世俗のすべての仕事を放棄することである。主の復活の日と聖霊降臨祭、主の御生誕の日を除いて、生涯の間、肉食を断つこと。他の日はパンと水だけで贖罪をするが、ときには豆と野菜をとってもよい。断食のとき、夜の祈りのときは、常に祈り続けること。すでに述べた三日の祭日のとき以外は、ワインと蜜酒、蜜を加えたビールを飲んではならない。妻を娶ってはならない。内妻を娶ってもならない。姦通をしてもならない。結婚の望みはいっさい捨てて生きねばならない。浴場で身体を洗ってはならない。馬に乗ることも許されない。信者の集まりに、お前のあるいは他人の利害を持ち込んではならない。祭日に楽しんでいる人びとのなかに交わってはならない。教会では謙虚に人の後ろに立ち、他の信徒たちから離れていなければならない。お前は出入りする人びとに哀願する者

となら ねばならない。お前は生涯の間、主の肉と血に与かる資格はないものと考えねばならない。しかしお前の臨終にあたっては、お前がこれらの要件をよく守っていれば、最後の聖体拝領を許すであろう。

第二五章から三四章までは省略。

不敬・盗み・魔術

第三五章　お前が主の髪あるいは主の頭などにかけて誓ったり、他の不敬な表現で神を蔑《ないがし》ろにした場合、しかも知らずしてこのようなことをした場合は、七日間パンと水だけで過ごす贖罪をしなければならない(25)。そのことを咎《とが》められて後、二度、三度と同じことをしてはならない。同じことを繰り返した場合、一五日間パンと水だけで過ごす贖罪をしなければならない。お前が天や大地ならびに太陽や月その他の被造物にかけて誓った場合、一五日間パンと水だけで過ごす贖罪をしなければならない。

第三六章から三九章までは省略。

第四〇章　盗みを犯した場合は、重い贖罪を果たさなければならない。所有者が眠っているか不在のときに盗んだ場合より、所有者の面前で暴力によって盗んだ場合のほうが罪が重い。どうしてもやむをえざる必要に迫られて盗みをした場合、たとえば生きていく手段がまったくなくなり、飢えのために教会の外で食物だけを盗み、かねてからこのような習慣をもっていなかった場合、盗んだものを返し、金曜日ごとに三回パンと水だけで過ごす贖罪をしなければならない。もし盗んだ物を返せない場合は、一〇日間はパンと水だけで過ごす贖罪をしなければならない。

第四一章から五九章は省略。

第六〇章　お前は魔術師に相談したり、魔術師をお前の家に招き、なんらかの魔術の働きを求めたり、災難を防ごうとしたことがあったか。あるいは異教の慣習に従って占い師を家に招き、お前のために占わせ、予言者が何かをもたらすことを期待してお前のところに呼び寄せたり、あるいは占いによって未来を予言させたり、卜占《ぼくせん》を行わせ呪文を唱えさせたりしなかったか。もしそうしたことがあったら、すでに指示した祭日に、二年間の贖罪を果たさねばならない。

異教・悪魔・呪文

第六一章　お前は異教の伝統を守っているか。悪魔の助力をかりてあたかも代々伝わってきた権利であるかのように、父親たちが息子に今日まで教える慣習があるか。たとえば諸元素、月や太陽、星の動き、朔日《さくじつ》と月の食などを崇拝せねばならないか。

お前は叫び声をあげて、お前の助力で月の輝きを回復させることができ、またそれらの諸元素がお前を助けることができると信じ、お前がそれらに対して力をもちうると信じ、家を建てたり結婚をするときにも月齢を観察しなければならないと考えているか。もしそうであるなら、すでに示した祭日に二年間の贖罪をしなければならない。主は次のようにいわれているからである。「汝が為すことは言葉によるとわざによるとを問わず、すべて主イエス・キリストの名において為すことなり(26)」と。

第六二章は省略。

第六三章　悪しき者たち、豚飼いや農夫、ときには狩人などが行う結び目や呪文をお前も用いていたか。彼らはパンか草、あるいはなんらかの邪悪な帯の上に、悪魔の呪文を書き、それらを樹木に隠したり、二本の道か三本の道が交差するところに投げ、自分たちの家畜や犬が病気になったり殺されたりしないようにし、他人の家畜などに被害を向けようとするのである。お前がそのようなことをしたならば、指示された日に二年間の贖罪をしなければならない。

第六四章　女たちが織物部屋で織物を織るとき、それを完成させるために呪文を唱え、作業の始めに縒《よ》り糸と横糸がもつれてしまったときには、悪魔の逆の呪文でそれを補わないと織物がすべて駄目になる、と信じている女たちの仕事場にお前はいたことがあるか。またその呪文などに同意を与えたか。もしお前がそこに同席し、同意を与えた場合、パンと水だけで過ごす三〇日間の贖罪をしなければならない。

第六五章　お前は薬草を集めるときに、主の祈り、つまり「主なる神を信ずる（クレド・イン・デウム）」と主禱文を唱えるのではなく、悪魔の呪文を唱えなかったか。もし唱えたなら、パンと水だけで過ごす一〇日間の贖罪を果たさねばならない。

第六六章　お前は司教や司祭が定めた教会などの宗教施設以外の場所に、祈りに出かけなかったか。泉や石、樹木や十字路などでその場所を敬うためにロウソクや松明《たいまつ》が置かれているところへ、パンなどの供物をもってゆき、そこで身体と心の病を癒そうとはしなかったか。もしそのようなことを行い、それらのことに同意を与えたのなら、先に述べた祭日に三年間の贖罪を果たさねばならない。

第六七章　お前は皆が神命を詩篇や福音書、あるいはその種のもののなかに読み取ろうとしているとき、写本や板などに神託を探し求めはしなかったか。もしそうしたなら、パンと水だけで過ごす一〇日間の贖罪を果たさねばならない。

第六八章　魔法使いたちや嵐を起させることができるという者どもは、魔法の呪文で嵐を起し、人びとの心を変えることができるというが、お前はそのような背信の行為を信ずるか。またそれに関わったことがあるか。もし信じ、かつ関わった場合は、

魔術によって自然の災難をおこす。上段は嵐をおこして船を難破させる魔術師。下段は火の雨をふらせる魔術師（オラウス・マグヌス〈上〉とグアッツォ〈下〉の木版画から）

指示した祭日に一年間の贖罪を果たさねばならない。

第六九章　ある女は呪文やまじないで人間の心を変え、憎しみを愛に変え、愛を憎しみに変えることができると称し、また他人の物を魔法をかけて奪い去ることができるといっている。お前はそのような背信の行為を信ずるか。またそれに力を貸したことがあるか。もしお前がそのような行為を信じ、あるいは関わった場合は、すでに示した祭日に一年間の贖罪を果たさねばならない。

第七〇章　ある女は悪魔に欺かれて女の姿に変身（これは愚かな者たちがストリガ、ホルダ〈ホレ婆さんと呼んでいる［holdam vocat］〉）した悪魔の群れとともに、悪魔の命令によってある種の動物に跨がり、決められた日の夜に悪魔たちと集まらねばならないといい、その通りにしうるというが、お前はそれを信ずるか。お前がこの背信行為に関わっていた場合は、指示された祭日に一年間の贖罪を果たさねばならない。

第七一章から七九章は省略。

飲食・断食・暴飲

第八〇章　お前は贖罪を果たしている者に対して、公衆の面前で彼が命じられている以上の飲食を強要したか。[27] そして彼のために一デナリウスの喜捨《きしゃ》をしなかったか。もしそうだとしたら、パンと水だけで過ごす一〇日間の贖罪をしなければならない。

第八一章　お前が祭日を守って断食をしているときに、食べている者を軽蔑しなかったか。もしそうしたのなら、パンと水だけで過ごす一〇日間の贖罪を果たさねばならない。

第八二章は省略。

第八三章　お前はいつも必要以上に飲食をしなかったか。もしそうなら、パンと水だけで過ごす一〇日間の贖罪を果たさねばならない。主は次のようにいわれているからである。食べ過ぎ飲み過ぎによってお前の心を重くしないようにせよと。

第八四章　お前は暴飲のために吐いたことがあるか。もしそうなら、パンと水だけで過ごす一〇日間の贖罪を果たさねばならない。

第八五章　お前は見栄のために飲み過ぎたことはなかったか。暴飲を誇りに思い、他人を飲み負かし、そのような虚栄と衝動で自分と他人を酔っぱらいにしなかったか。もしそうなら、パンと水だけで過ごす三〇日間の贖罪を果たさねばならない。

第八六章と八七、八八章は省略。

背信・儀式・偶像

第八九章　お前はミサや祈りを軽蔑しなかったか。また妻帯した司祭がお前には罪人に見えるという理由で、彼に罪を告白し、彼から主の肉と血を拝領することを拒まなかったか。もしそうしたのなら、上にあげた祭日に一年間の贖罪を果たさねばならない。

第九〇章　お前は次のような背信の行為を信じたか。そしてそれに参加したか。ある女たちは悪魔に従い、悪魔の幻影や幻想に魅惑されて、異教の女神ディアナと数え切れない女たちが、ある種の動物に跨がって夜のしじまのなかで地上のいたるところを通過し、ディアナが女主人ででもあるかのように、彼女の命令に従い、定められたように彼女に奉仕するために呼び集められると信じていることを。

それだけですでに彼女らは背信のために破滅し、多くの者を異常な行為のもとで破滅に導くのだ。多くの者はこの誤った考えに欺かれて、それが真実と思い込み、そのために健全な信仰から離れて神の他になんらかの神があり、天の権威があると考えるような異教の誤りに陥るのだ。しかし悪魔はあらゆる人間の姿や形に変身し、眠っている人間の心を虜《とりこ》にし、あるときは喜びで満たしあるときは悲しみに溢れさせ、ときには見知らぬ人に会わせ、そのために奇妙な方法を用いる。それらは魂だけに影響を与えるにすぎないのに、信仰をもたない人間は、それが魂だけでなく身体にも生じていると考えてしまう。

多くの者は目が覚めているときには、見たことがない多くのものを眠っているときに見るというのに、誰が夜の夢のなかで、自身の肉体から抜け出したというのだろうか。こうして魂のなかでしか起らないことが、肉体のなかでも起ると考えるほど愚かな者がいるだろうか。預言者エゼキエルは、身体ではなく魂のなかで幻影を見、そして聞いたことを、次のように述べた。「わたしは直ちに霊のなかにあった」(28)と。パウロは自分が身体のなかにとらえられているとは、あえていわなかった。それゆえ、ここではっきりいっておこう。そのようなことを信ずる者は、信仰を失う。主の健全なる信仰をもたない者は、彼が信ずる主のものではなく、悪魔のものである。主はいつでも次のようにいわれている。「すべてのものは主によって造られ、主なしには何ものもない」と。もしお前がこれらの虚栄を信じていたなら、指示された祭日に二年間の贖罪をしなければならない。

第九一章　お前はキリスト教徒の死体が、異教の儀式によって守られているときの通夜の儀式を見たことがあるか。お前はそこで悪魔の歌を歌い、異教徒とともに踊り、お前の顔は弛《ゆる》んで笑いを浮かべ、慰めの心と憐れみの心をすべて捨て去り、兄弟の死を喜んでいるかのように振る舞わなかったか。もしそうしたのなら、パンと水だけで過ごす三〇日間の贖罪を果たさねばならない。
第九二章　お前は草や琥珀《こはく》などで、悪魔を説得するときに用いられる悪魔の護符や記号を作ったことがあるか。あるいは木曜日をユピテルの日として祝ったことがあるか。お前がそのようなことをし、またそれに同意していたときは、パンと水だけで過ごす四〇日間の贖罪を果たさねばならない。
第九三章　お前は他の裏切り者たちと組んで、司祭やその同僚たちの説教や命令を嘲笑したり、馬鹿にしたりしようと計画したことがあるか。もしあるなら、パンと水だけで過ごす四〇日間の贖罪を果たさねばならない。
第九四章　お前は偶像に捧げられたものを食べたことがあるか。つまり死者の墓所や泉、あるいは樹木や石、十字路などに捧げられた食物のことである。またお前は石を山に積んだことはあるか。あるいは十字路に置かれた十字架に、花輪をもっていったことがあるか。もしあるなら、そしてそれらのことがらに同意を与えたことがあるなら、パンと水だけで過ごす三〇日間の贖罪を果たさねばならない。
第九五章は省略。

悪魔にとりつかれて祭壇の前を去る婦人（15世紀の木版画から）

穢れ・変身・迷信

第九六章　愚かな女たちは死体が家のなかに横たえられているとき、泉まで走っていって[29]、こっそりと桶一杯の水を汲んできて、死体が持ち上げられると棺台の下にその水を撒き、死体が家から運び出されるとき腰より高く持ち上げないように注意しており、穢れを祓うためと称しているが、お前はそのようなことをしたことがあるか。

またそれに同意を与えたか。もしそうなら、パンと水だけで過ごす一〇日間の贖罪を果たさねばならない。

第九七章　お前は殺された男が埋葬されるときに、人びとがする次のような仕方を行ったことがあるか。またそれに同意を与えたか。彼らは死者の手に膏薬《こうやく》をもたせ、あたかも死後にその膏薬で傷が癒されるかのように、その膏薬とともに死者を埋葬する。もしお前がそのようなことをしたなら、パンと水だけで過ごす二〇日間の贖罪をしなければならない。

第九八章　お前は何かの仕事を始めるときに、妖術か魔術に従って呪文を唱えたり神の名を呪文で呼んだりしたことがあるか。もしあるなら、パンと水だけで過ごす一〇日間の贖罪をしなければならない。

第九九章　お前は異教徒がかつて行い、いまでも行っているように、一月の一日に去勢された牡豚か仔牛の姿になったことがあるか。もしあるなら、パンと水だけで過ごす三〇日間の贖罪を果たさねばならない。

第一〇〇章　お前は嫉妬のために、他人の名誉を傷つけたり悪口をいったことがあるか。もしあるなら、パンと水だけで過ごす七日間の贖罪をしなければならない。

第一〇一章　お前は多くの人がする次のようなことをしたことがあるか。彼らは家のなかで火を燃やす場所の土の上層を掻き出して、大麦の粒を温められているところに置く。もし粒が跳ねれば何かの危険が迫っていると考え、もし動かなければすべてはうまくいくと信じている。お前がそう信じているなら、パンと水だけで過ごす一〇日間の贖罪を果たさねばならない。

第一〇二章　お前は病気見舞いのときに、ある人びとのする仕方をしたことがあるか。病人のいる家に近づいたとき、もし家の近くに石があればその石を持ち上げてその下を見、そこになにか生物がいるかどうかを調べるのだ。そこにミミズか蛆《ウジ》、あるいは蟻《アリ》など動くものがいれば、彼らは病人が治ると確信するのだ。もし生物がなにもいないと、病人は死ぬだろうと思う。お前がそのようなことをし、またそれを信じた場合は、パンと水だけで過ごす二〇日間の贖罪を果たさねばならない。

第一〇三章　お前は子どもむけの小さな弓や、子どもが履く小さな靴を作り、サテュロス（半人半獣の森の神）やゴブリン（悪鬼）の遊び道具として納屋や貯蔵庫のなかに置き、お礼に他人のものをお前のところにもってこさせ、豊かになろうとしたことはないか。もししたのなら、パンと水だけで過ごす一〇日間の贖罪を果たさねばならない。

第一〇四章　一月一日つまり主の生誕祭から八日たった日に、人びとがすることをお前もしたことがあるか。彼らはその聖夜に風を渦巻かせ、糸を紡ぐようにまたは縫い物をするように動かす魔術をするのだ。それは悪魔に唆されて新年にあたって彼らが始めようとしている仕事のためのものなのだ。お前がそのようなことをしたのなら、パンと水だけで過ごす四〇日間の贖罪を果たさねばならない。

第一〇五章から一〇九章までは省略。

密通・詐欺・裸身

第一一〇章　お前は継母と密通したことがあるか。もしたのなら、お前もお前の継母も結婚することはできない。お前の父は望むなら他の妻を娶ることができる。

第一一一章　お前は兄弟の妻と密通したことがあるか。もししたのなら生涯の間、贖罪を果たさねばならない。そして希望のない結婚を続けなければならない。お前の兄弟は望むなら他の妻を娶ることができる。

第一一二章から一三一章は省略。ここでは密通や近親相姦その他の性的逸脱が扱われているが、罪は比較的軽い。

第一三二章　お前は他のキリスト教徒に偽りの秤《はかり》や不正な重量計を用いて品物を売り、長さや重量について偽りと詐欺をしたか。もしした場合は、またはそれを認めた場合は、パンと水だけで過ごす二〇日間の贖罪を果たさねばならない。

第一三三章　お前が結婚している男として誰か他の女の裸身を、特に胸や恥部を見て辱《はずかし》めたことはないか。もしあるなら、パンと水だけで五日間を過ごす贖罪を果たさねばならない。もしお前が未婚であるなら、パンと水だけで三日間過ごす贖罪を果たさねばならない。

第一三四章　お前は浴場で妻あるいは他の女たちと一緒に身体を洗い、彼女たちの裸身を見たか。そして彼女たちはお前の裸身を見たか。もし見たのなら、パンと水だけで三日間の贖罪をしなければならない。

第一三五章　異国の人が必要に迫られてお前の家にきたとき、お前は家に入れず、主が命じ給うているように彼らに憐れみを示さなかったことがあるか。もしあるなら、パンと水だけで過ごす五日間の贖罪を果たさねばならない。

第一三六章　お前は教会に火を放ったことがあるか。あるいはその計画に同意したことがあるか。もしお前がそうしたのなら、教会を建て直し、お前自身の価値つまり人命金の額を貧民に配らねばならない。そして指示された祭日に、一五年間の贖罪を果たさねばならない。

第一三七章と一三八章は省略。

挨拶・お喋り・占い

第一三九章　お前は破門された人間とともに教会のなかや、その他の場所で祈り、たとえばアヴェ（「やあ」といった程度の挨拶）などと挨拶をするような関係をもったことがあるか。あるいはお前は破門された人間をお前の家に招いたり、おおっぴらにせよこっそりにせよ親切に扱ったことがあるか。ただし破門された者が気を紛らわせるためにお前と同じ道筋で同じ時刻に旅をし、一日二日の間あるいは旅が終わるまで他の人びとと離れている場合、お前が彼に必要な食糧を与えたとしてもそれは例外とする。その他お前自身が彼と同様の破門された者であるかのように振る舞った場合は、パンと水だけで過ごす四〇日間の贖罪を果たさねばならない。それは皆がカリナと呼ぶように、七年間続けられねばならないのである。

第一四〇章と一四一章は省略。

第一四二章　お前は自分自身を守ることができないような貧しい隣人から無理に彼らのものをとりあげて、貧しい人を苦しめたことはなかったか。もしあるなら、彼らにそのものを返し、パンと水だけで過ごす三〇日間の贖罪を果たさねばならない。

第一四三章と一四四章は省略。

第一四五章　ある者は教会にくると、初めはあたかも祈りを唱えているかのように口をもぐもぐさせているが、それは彼らのまわりで立ったり坐ったりしている人びとのためなのだ。彼らは皆の噂話やお喋りに耳を傾けようとする。お前もそのようにしたことはないか。司祭が話しかけ祈るように命ずるが、それにもかかわらず彼らはお喋りを続け、応誦や祈りを始めないのだ。お前がそのようなことをしたのなら、パンと水だけで過ごす一〇日間の贖罪を果たさねばならない。

第一四六章　お前は兄弟の罪を死ぬまで秘密にしておき、彼らが正しい心に戻るように彼に忠告を与えたか。また兄弟の苦しみを和らげるために努力をしたか。もしそのようにしていない場合は、お前は沈黙を守っている限り贖罪を果たさねばならない。

第一四七章　お前は罪ある者を憐れみや友情のために弁護したことがあるか。そしてそのために無実の者に対する憐れみに欠けるところがなかったか。もしそうならば、パンと水だけで過ごす三〇日間の贖罪を果たさねばならない。

第一四八章　お前は自分のためのミサをあげさせたり、聖なるものを捧げながら自分は自分の家であれ、他の場所であれ、いずれにしても教会にいなかったことがあるか。もしそういうことがあったなら、パンと水だけで過ごす一〇日間の贖罪を果たさねばならない。

第一四九章　お前はある人びとが信じている次のようなことを信じているか。彼らは旅をするときに、鳥が道の左側から右側にかけて鳴くと、旅の行く末はよいと判断するのだ。また宿泊場所の心配をしているとき鼠捕り（muriceps＝おそらく梟《フクロウ》かミミズクの類が鼠を捕らえて食べるためにつけられた名前であろう）と呼ばれている鳥が彼らの前を飛び、行く手の道を横切ると、彼らは神よりもこの予兆や占いを信ずるのである。お前もそのようなことをし、それを信じていたのなら、パンと水だけで過ごす五日間の贖罪を果たさねばならない。

第一五〇章　お前もある人びとが信じようとしている次のことを信じているか。彼らはどこかへ夜明け前にでかける用事があるときでも、陽が昇ってからにしようといって出かけようとしない。鳥が鳴く前に出かけてはならないとか、不潔な霊は鶏が鳴く前には鳴いた後よりも強い力をもっているから、危険であるとかいうのである。鶏の鳴き声は人間の心のなかに神の御旨によってある信仰よりもまた十字架のしるしよりも悪魔を追い払う力が強いと信じているのである。お前がそのようなことをし、それを信じているなら、パンと水だけで過ごす一〇日間の贖罪を果たさねばならない。

人間狼・森の女・三女神

第一五一章　お前はある人たちが信じようとしているように、一般に運命の三女神(30)が存在しているとか、あるいは彼らがそうすると信じられている次のようなことを信じているか。ある人が生まれたとき、彼らは思う通りにその人間の人生を決められると考えているのだ。その人間が何を望もうと、一般に愚か者が人間狼（Werwolf）と呼んでいる狼や他の形に変身させられると信じているのだ(31)。お前がこのようにかつて起ったこともなく、起るはずもないことを信じ、神のイメージが神以外のものによって何の形にも変えられると信じているなら、パンと水だけで過ごす一〇日間の贖罪を果たさねばならない。

第一五二章　お前はある人たちが信じようとしている次のようなことを信じているか。森の女（silvaticas）と呼ばれる野生の女がいて、人間と同じ身体をしており、彼女らは人間の男たちの恋人として姿を現し、彼らと楽しんだ後、別れたいと思えば離れて消えていくという話を信ずるか。もしお前が信ずるなら、パンと水だけで過ごす一〇日間の贖罪を果たさねばならない。

第一五三章　お前はある女たちが一年のある時期にしようとしていることを、したことがあるか。お前の家に食卓の用意をし、食物や飲み物とナイフを三本置き、昔の世代や昔の愚か者たちが三女神と名付けた連中がやってきて、そこで楽しめるように用意をするのである。そしてお前は神の信仰を悪魔に譲り渡すのだが、その結果これらの三人の女神たちには、今も将来もお前たちには何も与える能力がないことを知るにすぎないのである。お前がそのようなことをし、それに同意した場合は、指示された日に一年間の贖罪を果たさねばならない。

第一五四章から一六一章は省略。

堕胎・洗礼・死体への畏怖

第一六二章　お前はお前の胎児が生まれる前に、堕胎したことがあるか。もししたことがあるなら、定められた祭日に一年間贖罪を果たさねばならない。胎児が呼吸をした後に処置した場合は、三年間の定められた祭日に贖罪を果たさねばならない。

第一六三章　お前は息子にせよ娘にせよ、出産の後に殺害したことがあるか。したことがあるなら、定められた祭日に一二年間の贖罪を果たさねばならない。けっして贖罪をせずにすませてはならない。

第一六四章　お前は子どもに、お前の責任で洗礼を受けさせずに死なせたことがあるか。あるなら、定められた祭日に一年間贖罪を果たさねばならない。けっして贖罪なしにすませてはならない。

第一六五章と一六六章は省略。

第一六七章　お前は神の定めを無効にするために、聖なる油（chrisma）を飲んだことがあるか。あるいは草や言葉、樹木や石など、愚かにも信じられている物に願いごとをしたり、それらを口に含み、あるいは衣服に縫い込んだり、縛りつけて何らかの仕掛けを作ったことがあるか。それらは神の定めを無効にするものと、お前は信じていたのではないか。もしそうなら、指示された日に七日間の贖罪を果たさねばならない。

第一六八章と一六九章は省略。

第一七〇章　ある女たちは、悪魔のもとに走り、夜のしじまのなかで、寝所で女の夫が女の胸のなかで眠っているとき、女はそのまま閉じられた戸口から外へ抜け出し、同じ過ちで欺かれた他の多くの者と共に世界を横切り、目に見える武器も用いずに、洗礼を受け、キリストの血で贖われた者を殺し、その肉を料理して食べ、心臓の部分には藁や木などを詰め、食べ終わった後で再び生き返らせ、人生の幕間を与えると信じていることをお前も信ずるか。お前がそれを信じているなら、四〇日間の贖罪を果たさねばならない。それはカリナと呼ばれているパンと水だけで過ごす同じ贖罪を七年間続けなければならないのである。

第一七一章から一七四章は省略。

第一七五章　ある女たちは悪魔に教えられてキリスト教徒の足跡を観察し、足跡の下の泥炭を動かして調べ、足跡の主の健康や生命を奪おうとしている。お前がそうしたことをし、またそれに同意を与えた場合は、指定された日に五年間の贖罪を果たさねばならない。

第一七六章　お前は、ある女たちがしている次のようなことをしたことがあるか。女たちは自分の月経の血液をとり、飲み物か食物に混ぜ、人に食べさせるか飲ませるかするために与える。その人に愛されるためである。お前がそのようなことをしたなら、定められた祭日に五年間の贖罪を果たさねばならない。

第一七七章　お前は、ある女たちがしている次のようなことをしたことがあるか。彼女たちは人間の皮膚をとり、火で焦がして、灰を健康によいからといって飲ませようとしている。お前がそのようなことをしたのなら、定められた祭日に一年間の贖罪を果たさねばならない。

第一七八章　お前は、何らかの動物の血を食べたり飲んだりしたことがあるか。もししたのなら、五日間パンと水だけで過ごす贖罪を果たさねばならない。

上段　怪物に乗って旅をする魔術師。
下段　動物の姿で怪物に跨る魔術師
（グアッツォ〈上〉とモリトール〈下〉の木版画から）

第一七九章は省略。

第一八〇章　お前は、ある女たちがするように悪魔に唆されて次のようなことをしたことがあるか。洗礼を受けずに子どもが死んだとき、子どもの死体を取り上げ、どこか秘密の場所に置き、子どもの身体を杭で刺して、もしそうしなければこの子は生き返り、多くの者に害をなすという。お前がそのようなことをし、あるいはそれに同意を与えて信じた場合は、指定された日に二年間の贖罪を果たさねばならない。

第一八一章　お前は、ある女たちが悪魔に唆されてしようとしている次のようなことをしたことがあるか。ある女が子どもを産もうとしているが、産むことができずにおり、産みおろせないまま母親が苦痛で死んでしまったようなとき、人びとは母親と子どもをひとつの墓に横たえ、杭で地面に刺しておく。お前がそのようなことをし、それに同意を与えた場合は、指示された日に二年間の贖罪を果たさねばならない。

第一八二章から一八四章は省略。

第一八五章　お前はある女たちがしようとしている、次のようなことをしたことがあるか。新しく子どもが生まれ、すでに洗礼を受けた後死んだ場合、埋葬するときに右手に聖体を入れた聖体用の蠟の皿をもたせ、左手にワインを入れた同じく蠟の杯をもたせて共に葬る。もしお前がこのようなことをしたのなら、パンと水だけで過ごす一〇日間の贖罪を果たさねばならない。

姦婦・虚栄心・雨乞い

第一八六章　お前はある姦婦たちがしようとしている、次のようなことをしたことがあるか[32]。彼女たちの恋人が他の女を正妻にしようとしていることを知ると、彼女たちはある種の魔術を使って男性の欲望を消滅させ、彼らを不能にし、正妻との性交が不可能になるようにするのだ。お前がそのようなことをしたり、人に教えたりした場合は、パンと水だけで過ごす四〇日間の贖罪を果たさねばならない。

第一八七章から一九〇章は省略。

第一九一章　お前はある女たちがしようとしている、次のようなことをしたことがあるか。彼女たちは教会へくるときの路上で虚栄心を張り合い、つまらぬお喋りをし、魂のためになることは路上では何も考えず、教会のなかの信心深い人たちが埋葬されている場所に入ると、隣人の墓の上をも踏みつけにし、死者の状態など考えもせず、主にとりなすために本来なすべき死者の祈りの言葉もつぶやかないのである。もしお前がそれをなおざりにしたのなら、パンと水だけで過ごす一〇日間の贖罪を果たさねばならない。そして同じことをしないように注意すべきである。お前が教会のアトリウムに入ったときは、いつも死者のために祈り、そこに葬られている聖なる魂が、主にお前の罪のためとりなしをしてくれるよう祈らねばならない。

第一九二章は省略。

第一九三章　お前はある女たちがする、次のようなことをしたことがあるか。彼女たちは衣服を脱ぎさり、身体中に蜜を塗りつけ、地面の上にリネンを広げ、その上に撒いた小麦の上に、蜜を塗った全裸の身体を横たえ、そしてごろごろとその上を転げ回り、湿った身体に付いた小麦を注意深く集め、挽臼に入れて挽臼を太陽と反対の方向に回して粉にする。その粉でパンを作り夫に食べさせる。そのパンを食べると夫は弱くなり、窶《やつ》れてしまう。お前がもしそのようなことをしたのなら、パンと水だけで過ごす四〇日間の贖罪を果たさねばならない。

第一九四章　お前は、ある女たちがする次のようなことをしたことがあるか。雨が降らず、雨を待ち望んでいるとき、彼女たちは大勢の女の子を集め、先頭に少女を歩かせ、この少女を裸にし村の外に連れて行く。ドイツ語でベリサ（ヒヨス）と呼ばれるハーブを探し、少女の右手の指でその草を掘り出させ、それを少女の右の靴の先に紐で縛りつける。彼女たちは皆小枝をもち、草を後ろに引きずった少女を近くの川に連れて行き、小枝で少女に水をかけ、彼女たちの魅力で雨が降ることを祈るのである。その後、彼女たちは裸の少女と手をつないで川から村に連れ戻る。少女は後ろ向きに蟹のように歩くのである。もしお前がこのようなことをした場合は、あるいは同意をしたのなら、パンと水だけで過ごす二〇日間の贖罪を果たさねばならない。

「贖罪規定書」の時代と私たち

以上簡単に内容の一部をみた「贖罪規定書」については、詳しく説明する必要はないだろう。なぜなら、今から一〇〇〇年も前に書かれた文書であっても、伝道の第一線にいた司祭のために書かれたこの文書が、当時どのような緊張感のもとで編まれたのか誰でも読み取ることができるからである。

現在私たちは、近代化された日本に生きている。私たちが生きている日本の公的な生活は、ヨーロッパ文明が一二〇〇年頃から始めた合理化の結果生まれた近代ヨーロッパ文明が辿り着いた世界であり、それを私たちは近代化としてこの一〇〇年以上受け止めてきた。しかし「贖罪規定書」のなかに、罪として断罪されているさまざまな迷信や行事のなかで、私たちに理解しがたいものはたいへん少ないのである。これは何と不思議なことではないだろうか。今から一〇〇〇年も前に、私たちから遥かに遠いヨーロッパの未開人たちが暮らしていた生活の在り方が、ほとんど何の説明もなしに私たちに理解しうるのである。

「贖罪規定書」の第六〇章と六一章の魔術のなかの、月にかける人びとの期待は、日本古代・中世の歌を思い出させないだろうか。第六三章、六六章の十字路や泉、樹木に関する迷信とされるものも、私たちにはいまだに身近なものである。第九七章の死者に薬をもたせる慣習は、今でも私たちが守っているものではないだろうか。

そして何よりも第一三四章で、妻と共に風呂に入ることも禁じられているこの時代のヨーロッパの庶民の生活とは、いったい何であったのかを考えさせられてしまう。

もとよりそれは教会の文書であり、現実の庶民はいつの時代でも妻と共に風呂に入り、「贖罪規定書」の通りに生きてきたわけではない。しかし一方でこのような「贖罪規定書」が、ローマ教会と国家を背景にして存在していたことの重みは無視できないのである。

ヨーロッパの文明を考える際に、まさにこのような私たちの樹木や泉、動物などとの親密な関係と、近代ヨーロッパが生み出し、私たちも受け入れたものとの間の大きな乖離を考えざるをえない。私たちは以上の「贖罪規定書」の内容を何よりもまず、現在の私たちの民俗と近代国家との関係のなかで、今後も検討していかなければならないだろう。

第七章　生き続ける死者たち

以上長々と訳してきた「贖罪規定書」は、一読するだけできわめて多彩な内容をもっていることが解るだろう。本来なら「贖罪規定書」だけで充分に一冊の書物になるほど重要な内容を含んでいるのである。しかも私の知る限り、わが国ではこれまで「贖罪規定書」の内容が紹介されたことはなかったと思われるので、長くなるがあえて引用したのである。

告解と贖罪

さて、贖罪とは何か、という大きな問題がある。この問題自体、カトリック教会の教会史のなかで長いあいだ議論されてきたものであり、ここで簡単に結論を出すことはできない。「マタイ伝」の一六章一九節に、「凡《およ》そ汝が地にて繫ぐ所は天にても繫ぎ、地にて解く所は天にても解くなり」とあり、「ヨハネ伝」二〇章二三節にも、「汝ら誰の罪を赦すともその罪赦され、誰の罪留むるともその罪留めらるべし」とあり、教会は罪を留めかつ赦す権限をもつと解釈されてきた。いうまでもなく悔悛は、カトリック教会においては秘蹟となっており、それは本来は司教の権能のひとつとされていた。

告解の仕方については議論があり、まだ確定的なことはいえない。かつて信徒は公開の席で告解をしたといわれている。告解と贖罪とはいちおう分けて考えなければならず、贖罪が公開でなされたことは多くの事例からみて否定できない。告解が公開から秘密の営みになったのは、いつからかが問題なのであるが、この点については私はいまだ充分な調査ができておらず、確定的なことはいえない。

四五九年に教皇レオ一世（在位四四〇～四六一）はカンパニアの二人の司教にあてた手紙のなかで、贖罪をする者が公の場で自分の罪の詳細を読み上げる習慣を非難している[1]。このことをめぐって学者たちの議論があり、H・C・リーはレオの手紙が個人的な罪を私的に贖罪するよう説いた最初の例としているが、レオの手紙は個々人が自分の罪を文章にして読み上げることに反対したものであるから、それをもって彼の時代に告解の秘密性が促進されたとみるわけにはいかないという意見もある。

しかし、いずれにしても五世紀初頭には、復活祭前の木曜日に贖罪をする習慣は西欧では広まりつつあったらしい。何をいったい告解するのかという点についても、問題は多い。初期においては偶像崇拝、異教への復帰、姦通（近親相姦その他の性犯罪を含む）と殺人だったが、それらの罪は教会によって赦される罪とみなされていた。

後にカッシアヌス（三六〇頃〜四三〇頃）が、八つの重要な悪徳を区別している。それは大食、姦通、貪欲、怒り、悲哀（tristitia）、憂鬱、虚飾、傲慢である。この順序は必ずしも罪の重さの順ではなく、最後の傲慢がむしろいちばん重い罪とされている。この序列はグレゴリウスによって大幅に変更され、グレゴリウスは傲慢がすべての罪の始まりであるとして、いちばん重い罪として位置づけ、続いて虚飾、羨望、怒り、悲哀、貪欲、大食、肉欲となっている。

さて「贖罪規定書」が作成された頃においては、告解は特定の人間、司祭に秘密のうちに告げるものであることが前提にされている。トレントの公会議（一五四五〜一五六三）では、告解は秘密に行われることとしている。しかし公的に行われることを妨げてもいないのである。一二一五年のラテラノ公会議の二一章で、悔悛の秘蹟が正式に認められ、成人は男女を問わず少なくとも年に一度は告解をしなければならないことが定められたのである。これは西欧の歴史のなかで、きわめて大きな出来事であった。

M・フーコーは、この問題についてすでにみたように次のようにいっている。

個人としての人間は長いこと、他の人間たちに基準を求め、また他者との絆を顕示することで（家族、忠誠、庇護などの関係がそれだが）、自己の存在を確認してきた。ところが、彼が自分自身について語り得るかあるいは語ることを余儀なくされている真実の言説によって、他人が彼を認証することとなった。真実の告白は、権力による個人の形成という社会的手続きの核心に登場してきたのである。

実際ラテラノ公会議決議の二一章においては、「言葉・合図その他のいかなる形であれ、絶対に罪人状態を示すことのないように注意しなければならない。もし助言をうるために相談しなければならないときには、告白者の名前を出さずに相談しなければならない。告白場で知った罪を口外する者は司祭の任務を解かれ、償いをするために永久に修道院内に留められねばならない[2]」とあり、この頃、告解が完全に秘密の営みとなっていたことを示している。この点についても、わが国との違いを見逃すわけにはいかないのである。

「贖罪規定書」の内容をみる限り、罰を科される行為は集団的なものであり、特に後半部で扱われている魔術やゲルマン的慣習は、本来個人の行為というよりは集団の慣習であった。しかしながら「贖罪規定書」では、これらのすべてが個人の罪として告発されているのであり、それも個人が断食に近い食事の制限によって贖うものとされている。ここには全西欧の歴史のなかでひとつの重要な節目があったと考えられる。また罪の内容をみると、すべての許される罪だけが対象となっているためもあるが、殺人の場合も四〇日間の贖罪を七年間続けることとなっている。

一方で説話集では地獄の苦しみをまざまざと描き、人びとの恐怖を煽《あお》りたてているのだが、告解という伝道の最前線においては、教会もただ厳しい罰を加えるだけでなく、罪の許しを与えるという形であらゆる犯罪や魔術をも結局はキリスト教会のなかに取り込んでいったようにみえる。ここにもキリスト教会のしたたかさを読み取ることができるように思えるのである。

教会の提示する宇宙観

再び、「贖罪規定書」の内容に戻ろう。ヴォルムスのブルヒャルトの「矯正者・医者」(Corrector Medicus) が成立したのは一〇〇八年と一〇一二年の間である。この時代の教会が当時の社会をどのように変革しようとしていたか、またそれに対して変革を求められていた社会がどのような状態にあったかは、この「贖罪規定書」の条

Tous les humains
qui descendirent de
adam et de eve nosditz pre
miers parens depuis leur pre-
uariation z eiection de paradis
terrestre/ tumberent et descen-
dirent en enfer. Les bons allerēt
ou lymbe superiore appelle le li-
be des peres. Les autres en pur
gatoire. Et les ames des enfās
morsnez de ceulx qui na-
uoyent aucune foy du me-
diateur z redempteur iesu
christ descendirēt ou lymbe des-
dis enfans morsnez. Et les par
faictement mauuais descendi-
rent en lenfer des dyables sans
espoir de redemption. Ceulx qui
estoiēt es parties superiores du
lymbe des peres z de purgatoi-

BB ii

地獄の苦しみ（往生術から）

項からかなり明確に浮かび上がってくる。聖書に基づいて一元的な宇宙観を強要しようとする教会に対して、民衆は伝統的な宇宙観の世界に生きており、両者の対立も鮮明に浮かび上がっている。

教会が求めていたのはゲルマン社会の文明化である。それは血縁共同体、氏族共同体、部族団体に代わる新しい社会の原理を提示し実現することであった。その提示が具体的な家族生活、性の問題、食事の在り方や人間関係についてなされているのである。それは人間と動物や植物との関係を規制しようとするところにまで及んでいる。教会の提示している宇宙観は、そこでは体系的な形では示されていないが、ゲルマン民族の伝統的な宇宙観に対立する点で逆に個々の事柄のなかから明らかになっている。

たとえば第六一章で月や太陽、星の動きを崇拝し、叫び声をあげて、欠けていく月の輝きを回復させようとする慣習をやめさせようとし、家を建てるときや結婚の日についても同様に吉日を選ぶ仕方を退けている。これは私の言葉でいえば、ゲルマンの人びとが自分たちの掌握できる小宇宙ミクロコスモスのなかで暮らしながら、その外に広がる大宇宙マクロコスモスをも、人間の力でまったく影響を与えることができないものと考えていたのではないことを示している。もちろん現実にはマクロコスモスの諸力は、人間にはいかんともしがたいものであった。しかしながらそれは現在の私たちの考え方であり、当時の人びとは魔術その他、何らかの仕方でマクロコスモスに影響を与えようと努力していたのである。

第一九四章に雨乞いの行事が描かれているが、それも同様である。私たちは大宇宙・小宇宙という区分を考えるとき、現代の私たちのイメージで中世人の意識を判断してはならないだろう。彼らは大宇宙の諸現象に恐れを抱きながらも、大宇宙と折り合って暮らさねばならなかったのであり、そこから魔術や呪術が生まれてくるのである。現代の日本人が、今でも結婚や建築について吉日凶日の考え方に支配されていることを考えると、この二つの宇宙に対する西欧教会の態度は注目に値するものといわねばならない。

第三五章に太陽や月その他の被造物にかけて誓う慣習が退けられているのも、同じ脈絡のものである。鳥の鳴き声によって旅の吉凶を占い、石の下の虫などを確かめて病人の生死を占うことには、動物の世界が大宇宙の表れであることがはっきり示されている。

メルヘンの原型

「贖罪規定書」には、興味深い民俗慣習がかなり鮮明に描かれている。第九〇章で女たちがディアナと共に動物に跨がって集会に出かける話は、後の魔女裁判で魔女のサバトとして明瞭な形をとるが、すでに十一世紀初頭にこのような形で捉えられていたのである。また人間狼（Werwolf）についても第一五一章で扱われている。人間狼についてはこれまで法書で論じられているが、「贖罪規定書」に出てくる人間狼については これまで議論されていなかった。この部分は今後の調査研究に対して注目すべきところである。

また第七〇章でホレ婆さん（holda）が登場する。ホレ婆さんの原型であるホルダは、予言の能力をもつ魔女で、産婆として知られ、家のなかをきちんと整頓している女に報酬を与え、乱雑にしている女には罰を加える魔女として知られている。ホレ婆さんは収穫を豊かにし、人びとに恵みを与える魔女だったのである。ここでは愚か者たちがストリガ、ホルダと呼んでいる（quam vulgaris stultitia hic strigam holdam vocat）とある。すでに「サリカ法典」の補遺（八〇〇年頃）においてstrigaは人間を食べる魔女とされており、同じくPactus Alamannorumにおいてもstrigae, lamiaeを人間を食べる存在としている。中世後期の文献では、striga, holdaは魔女あるいは夜の精とされている。W・ストラボ（八〇八〜八四九）は、ユーディット、サッフォーとともにホルダについて語っており、この頃ホルダは魔女ではなかったとみられる。デーモンとなる前、ストリガ、ホルダは夜の精であったと考えられるのである。[3]しかしながら第七〇章で登場するホレ婆さんは、否定さるべきデーモンとして位置づけられている。グリム童話の研究にあたっても、この部分は無視できないところである。

また第一五二章で扱われている森の女（silvaticas）はメリュジーヌ〔フランスの伝承に出てくる上半身が人間で、下半身が蛇の女〕の伝説にあるような人間の姿をした存在であり、民話にはしばしば登場する。教会はこのような存在をも否定しているのである。[4]

人間狼やホレ婆さんの他に、ディアナ女神やサトゥルヌスも登場する。中世の民衆の幻想世界そのものが、多方面からのイメージの流れによって成り立っていたことが、ここからも解るのである。重要なことはグレーヴィッチもいっているように、キリスト教化の強い圧力のなかでもこれらの民間信仰や慣習が生き残っていたという事実なのである。私は別の論考において中世人の意識を鮮明にする方法としてメルヘンの分析をする必要があることを説いたことがある。[5]「贖罪規定書」はその出発点ともなるべき史料なのである。

ところで本来の中心課題である死者の問題に戻ろう。第三章でみたように『黄金伝説』や中世の説話集などにおいては、死後の人間の運命が明瞭なかたちで説かれていた。現世においてなした善行や悪行に基づいて、死後審判が行われ、善人は天国へ悪人は地獄にいくという構図ができあがっていた。しかし中世都市の台頭と商業経済の復興のなかで、利子の問題が浮上し、利子を全面的に禁止することが不可能となった状況のなかで、煉獄の構想が生まれている。もとよりル・ゴフが明瞭に述べているように、煉獄の構想それ自体はかなり古くからあったのだが、十二世紀に最終的に煉獄のイメージが定着することになる。このころから、すでにみたように死後、煉獄で苦しむ死者のイメージがあらゆる文献に現れ出し、死者は常に生者に対して救いを求める哀れな姿で登場する。

ここにいたってメメント・モリ（死を想え）という言葉に集約されているように、現世の生活は儚《はかな》いものであり、人間の最大の目標は死後天国に入ることだという考え方が、日常生活のなかで強く広まってきたと解釈されている。(6)

中世末になると死の舞踏のイメージが強烈に広まり、あたかもすべての人が現世よりも来世に目を向けて暮らしていたかの観がある。たしかに教会の説教や説話集は、死後の裁きの厳しさを説く言葉で溢れていた。死の舞踏の絵は、死の恐ろしさを説いてやまない。「アイスランド・サガ」で描かれた力強い死者のイメージは、もうどこにも見られないかのごとくである。自分の土地と氏族のことを死後も思い続ける激しい情熱をもった死者は、地獄と煉獄の恐怖の前に萎縮し消滅してしまったかのようにみえる。

しかしながらハイステルバッハのカエサリウスの『奇跡をめぐる対話』にもわずかながらみられたように、「アイスランド・サガ」の死者たちは中世においても厳然として生き続けていた。われわれがキリスト教の教義に則って、説話集や『黄金伝説』をみている限りでは視野に入ってこない死者のイメージがあり、それは「贖罪規定書」のなかにも姿をみせている。

第九一章で、通夜について語られている。(7) そこではゲルマン民族の通夜が描写されている。通夜の席で歌を歌い、踊りを踊ることは長い伝統であり、中世においても一般の民衆の間で続けられていた。第九一章ではそのような通夜は異教的なものとして片付けられている。しかしそこには死者と共に最後の食事を取り、歌いかつ踊る人び

死の舞踏
左上、市民。右上、手工業者
左中、若者。右中、子ども
左下、賭博場の主人。右下、賭博師

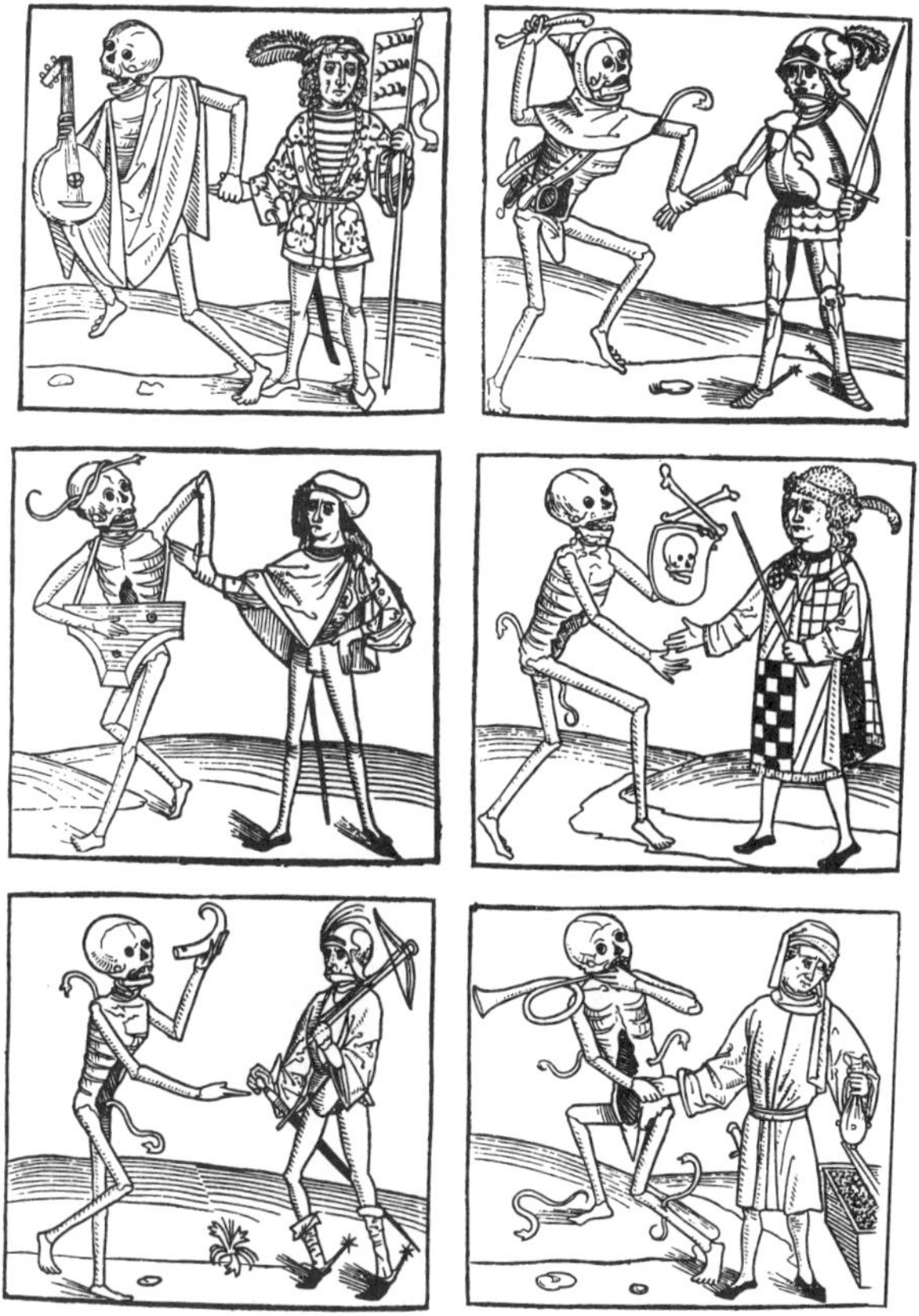

死の舞踏

左上、伯。右上、騎士

左中、若い騎士。右中、紋章をもつ者

左下、盗人。右下、高利貸し

との姿が逆に浮き彫りにされていないだろうか。

さて第一八〇章では、洗礼を受けずに死んだ子どもを母親と共に杭で刺す事例があげられている[8]。これは「アイスランド・サガ」に登場してくる、生者に害をなす死者に対する処置である。第一八一章も同様のテーマを扱っている。

第九六章では、埋葬の際の儀礼が扱われている[9]。死者の棺台の下に、泉から汲んできた水を撒く儀礼である。キリスト教の浸透が進んで後も、死者に対する儀礼はそう簡単には変らなかったのである。第九七章では殺された男を埋葬するときに、右手に膏薬をもたせて埋葬する例があげられている[10]。ここには明らかに、死者が死後も生き続けているという考え方が残っている。ここにはキリスト教の教義はまったく影を投げかけていない。死の予感は、病人の家の近くの石の下の虫の存在によって確かめられ（第一〇二章[11]）、死が大宇宙から与えられたものであることが示されている。夫を殺す方法もまた、まさに大宇宙の力を借りて行うことになっている（第一九三章[12]）。

「贖罪規定書」が作成されたときの意図とは逆に、私たちはそのなかにキリスト教会が排斥しようとした民衆の魔術や生活慣習を鮮明に読み取ることができる。民衆の魔術や生活慣習を捉えようとするとき、私たちは民衆の世界認識の在り方を探る方法を考える必要がある。

「贖罪規定書」の全体を貫く姿勢は、人間と世界を合理化しようとする方向であり、その方向は、やがてヨーロッパ文化を全世界に広げ、文明化する大きな流れとなっていく。ここではヨーロッパ文化は、まず宗教を核として登場している。宗教とは自然を人間化しようとする試みであり、すべての被造物は人間に従属するものとして捉えられることになる。それに対してゲルマン民族の魔術は、逆に人間を自然化しようとする動きである。この両者の対立は、現在でもきわめて大きな問題になるはずである。後に魔術という形で捉えられることになるゲルマン民族の世界像は、自然と人間とが一体となっているところで成立するものである。このような観点から、私たちは中世の民衆の世界を再び捉え直さなければならないだろう。

キリスト教による日常生活の再編成

キリスト教会は国家権力と結びついて、そのような民間信仰の世界に強い攻撃をかけた。それは伝統的な民族慣習を根絶やしにして、新しいキリスト教の教義に則して日常生活を再編成しようとするものであり、カール大帝がカロリング・ルネッサンスのなかで目的とした人民の教化の具体的な手段であった。この攻撃の最先端に立っていたのは、教区の司祭たちであり、最前線の現場の状況を知らせてくれるのが、「贖罪規定書」なのである。そのとき彼らが用いた最大の武器が罪なのであり、それは天国と地獄あるいは煉獄というイメージと結びついて、人びとの日常生活に大きな圧力をかけていた。人びとはその圧力に屈してしまったのだろうか。中世史の通常の叙述をみると、そう理解するしかないようにみえる。それを人はキリスト教化の進展という、ヨーロッパの文明化と等置している。

罪という言葉は、以後ヨーロッパの文化と文明の根底において大きな力を揮い続けてきた。それは近代化された形で世界中にも広がってゆき、日本の近代文学のなかにも罪の意識を生み出すまでになっている。では、本家のヨーロッパではどうであったのだろうか。

罪の意識の発端は、天国と地獄、煉獄という構図を生み出した聖書にあった。罪の表れとして、中世の惨めで哀れな死者のイメージが生まれたのである。しかし、ハイステルバッハのカエサリウスの『奇跡をめぐる対話』や「贖罪規定書」からも、漏れ聞こえてくるように、教会の教義にも拘《かか》わらず、死者に対する古来のゲルマン的な考え方は消えてしまうことはなかった。それはやや形を変えながらも、現在まで生き残っている。『奇跡をめぐる対話』や「贖罪規定書」にはその一部分しか映し出されていないが、私たちにはもっと大きな史料がある。それは口頭伝承の世界である。口頭伝承の世界では、「アイスランド・サガ」の死者たちは今日にいたるまで生き続けており、人間狼もホレ婆さんもみな生きている。ここで本書の最後に、これらの民間伝承にみられる死者のイメージをみておくことにしよう。

G・ネッケルが編集した『ドイツ伝説集』第二巻・古代から中世（一九六四年）に次のような話がある。[13]

＊　＊

民間伝承にみられる死者のイメージ

《ヘルツォーゲン・ボッシュに、昔ひとりのユンカー〔地主貴族〕が住んでいた。彼は神もその掟も知らず、たいへん罪深い生活を送っていた。その男がある日の夕方、酒場で人は死後も生き続けているのかどうかについて人と言い争いをし、死んだ者は死んだままさと言い放ったのである。家に戻る途中、墓場を通り過ぎなければならなかったが、そこでたまたましゃれこうべに躓《つまず》いた。男は「はっはー、これは美しい。お前はまだ生きているという話だね。お前がまだ生きているなら、今夜夕食を食べにこないか」といって笑ったのである。そして家路を急いだ。家では部屋に食事の支度をさせ、満足して食卓についた。するとドアの鈴が鳴ったので下女が戸を開けると、客がいて、「ユンカーさんはいらっしゃいますか」と聞くので、下女がなかに入れた。その男は部屋に入ってくると、「ユンカーさん、あなたが今夜の食事にご招待くださったので、まいりましたよ」といった。ユンカーは驚きのあまり水を浴びたようにぞっとしたが、その男がマントを脱ぐとその下には骸骨しかなかったので、ユンカーは気絶して床に倒れてしまった。下女が音を聞いて駆けつけたが、男の姿は消えていた。ユンカーはやがて気がついたが、おかしなことを喋り、そのうち頭がおかしくなって死んでしまった。》

＊　＊

これは特に説明を要しない話だろう。死者を馬鹿にしたために死者が訪れたという話である。次の話はやや異なっている。(14)

＊　＊

《ドイツのある公の城に、次のようなことが起った。貴族の小姓が、美しい夏の夜、最上階の部屋に行く用事ができた。階段を昇ってゆくと、ある部屋のなかがまるで大きな火でも燃やしているかのように明るくなっているのに気がついた。不思議に思って部屋のなかに入ってみると、修道士の服を着た大きな男が近づいてきた。男の目は燃えるように光っていた。そして腰の一方に鍵の束を下げていた。驚いた少年は戸の方に戻ろうとしたが、修道士は近寄りざま少年を摑まえ、投げ飛ばし、何度も床に倒した。少年は大声をあげたので、下の部屋にいてその声を聞きつけた公は、何事が起ったのかと人を行かせた。修道士は消えたが、少年は恐怖で舌がこわばって、しばらくは何もいえなかった。一時間もして、やっと何が起ったかを説明することができた。仲間の小姓はそれを聞いて嘲笑し、修道士に力いっぱいびんたをくらわせてやればよかったのに、そうすれば何もされることはなかっただろうに、といった。そして、もし自分がお化けに出会ったら、拳骨《げんこつ》の味を教えてやるのに、と付け加えた。もうひとりは、「やってみろよ。そして騎士の勇気を示してみるんだね」と答えた。

何日か後、この勇ましい小姓が白い上着を取りに、先日修道士が現れた部屋に入っていった。箱のなかで白い上着を探していると、戸を叩く音がするので、小姓は洗濯女か召使の一人だろうと思って、「お入り」といった。すると、恐ろしいほど大きな修道士が入ってきた。驚いたのは小姓であった。拳骨をおみまいするはずだったのに、それどころかすぐに逃げ出そうとした。しかし修道士も、黙って小姓を帰したりはさせなかった。何回か平手打ちをくわせたので、小姓は口や鼻から血を流したが、そのとき修道士は、「さて、お前はおれに拳骨をおみまいするはずじゃなかったのか」といった。小姓はもはやその気もなく、部屋から飛び出した。大きな声で叫び声をあげて、階段を駆けおりた。そのすぐ後、修道士は洗濯女のところにも現れたので、女は驚きのあまり三ヵ月も病気で寝込んでしまった。》

*

この話は何のために修道士が現れたのかが説明されてはおらず、話としては面白いものではない。しかしここに現れている死者は、暴力をふるい生者の傲慢に報いを与える存在として、「アイスランド・サガ」の死者に通ずるものをもっている。実際はこの城に長く住んでいた者の亡霊なのだろう。現実に肉体をもつ死者のイメージがここにはある。

次の話はオランダのものである(15)。

*

《北オランダのボーベルディックのヴェルックホート教会の真向かいの家で、次のようなことが起った。

一六一六年の夏の二五日のことである。この家に住む、よく知られた女性のところに、夫コルネリウス・トゥーニッツの姿をした霊が現れたのである。婦人が、「どなたですか」と聞くと、「おれだ、お前の夫だよ」という。「夫は海に出かけていますので、ここにくるはずはありませんね」と彼女がいうと、「おれは遅れてしまったのだ。船はもう陸から離れてしまったのだ」というのである。「では、どうやって家に帰ってきたの」と聞くと、「うまくいったのさ」と答えて、腕をベッドに置いた。頭に大きなフェルト帽を被っていたので、その幅広のつばを彼女は何回も持ち上げて、ほんとうに夫なのか見ようとした。だが、その姿といい声といい、夫以外のものではなかったので、身繕いをしてベッドに入るようにいった。男はその通りにした。彼女はそれでもまだ疑っていたので、男が靴下を脱ぐときも注意して見ており、夫と同じ大きな足かどうか確かめようとしたが、それはまったく同じだった。男が彼女の隣に横になったとき、まだ夏の盛りだというのに、男の身体が氷のように冷たいことが解った。彼女は大きな叫び声をあげ、神に助けを求めた。すると亡霊はすぐに消えてしまい、二度と現れなかった。》

＊　＊

この話も全体の構成がすっきりしていない。明らかに夫の船が難破して魂だけが帰ったという話のようでありながら、船に乗り遅れたという言い訳はおかしい。しかしこの種の話は、第一・二章でみた「アイスランド・サガ」のものと基本的に同一のものということができよう。ただ死者を迎える人びとの態度が決定的に変化してしまったのである。この種の話はネッケルの書物だけでなく、W・E・ポイケルトの『ニーダーザクセン伝説集』全七巻（特に三巻）などにも多数収められている。[16]

このような話は枚挙に遑《いとま》がないほど多数残されている。しかし私たちは、この章をホイジンガ〔一八七二〜一九四五。オランダの歴史家〕が紹介しているアントワーヌ・ド・ラ・サルが伝えた話でしめくくってよいだろう。[17]「死んだ子どもが母親のところにやってきて、彼の経帷子が乾かなくて困るから、もうこれ以上泣かないでほしいと頼む話」である。この話につづけてホイジンガは次のように述べている。

ここに至れば、これまで何千回とも知れず叫ばれてきた「死を想え」の声には聞かれなかった様な、深い情感のこもったしらべが一時に響き渡る。この時代の民話や民謡こそは文学がほとんど無視してきた感情を秘かに蔵していたといってもよいのではないか。

以上みてきた話には、多少はキリスト教の影響も読み取れる。しかし、話の本質にはキリスト教は何の関係もなく、古ゲルマン以来の伝承が口頭伝承の形で今日にいたるまで伝えられたものと考えられる。「アイスランド・サガ」からこれらの話へと続く死者のイメージの群れと、天国・地獄・煉獄のなかで生まれた哀れな亡霊のイメージの群れとの間には大きな隔たりがあり、両者の関係についてもこれまでのところまったく説明されてはこなかった。両者の関係を明らかにするためには、エリートの道具であったラテン語史料に反映されていた古い口頭伝承のなかでの死者の姿を読み取り、逆に現代まで残されている口頭伝承の世界がこれらのエリートの文明によって駆逐されていった経過を辿ってみなければならない。この点に関して「死と死者」をめぐる口頭伝承の世界はヨーロッパにおいてもきわめて豊かな内容をもっており、I・ミュラーとL・レーリヒが集めたカタログは一五種の死者の在り方を区分している(18)。本書においては中世以後の伝承世界にみられる死者についてはほんの一部しか扱うことができなかった。本書は西欧における罪の意識の問題を中心に据えながら、西欧において両極に分解していった死者のイメージの違いから、ヨーロッパ社会の公的な世界とその背後にある世界とを明らかにしようと試みたものである。

「贖罪規定書」の条文にみられるようなきわめて厳しい日常生活への教会の介入にもかかわらず、ヨーロッパの人びとは自分たちの伝統的死生観を民話に託して語り続けてきた。近代社会の成立によって民話はもはや日常生活を構成する重要な部分ではなくなり、子供や好事家の対象にすぎなくなりつつあるが、私たちは民話を通して過ぎ去った時代の人びとの国家、社会への想いをも読み取ることができるのである。民話に結晶した人びとの想いは各地域の民俗文化のなかで今日にいたるまで強い結束力をもって保たれており、近代ヨーロッパとは異なる伝統的ヨーロッパの姿を私たちにみせてくれる。

「贖罪規定書」にみられるような教会による日常生活への厳しい介入は、公的な部分でのヨーロッパを形成するのに大きな力をもっていた。それがなかったら今日のヨーロッパはありえなかったであろう。ヨーロッパにおいては教会に代表される力が世俗権力と結んで圧倒的な力をもち、個々人の生活にも介入しながら国家や教会が団体としての人間ではなく、個人としての人間を捉えようとした点にヨーロッパ社会の独自な性格が生まれる最大の原因があった。その意味で、一二一五年の告解の強制はヨーロッパ史のなかで重要な一歩だったのである。上から強制されるという形をとりながらも、ヨーロッパではそのとき以来個人の人格が認められ、共同体と個人の間に一線が画されたからである。以上のような観察は、わが国の歴史をふりかえるときのひとつの参考になるであろう。

註

はじめに

（1）デンツィンガー、シェーンメッツァー著、A・ジンマーマン監修（浜寛五郎訳）『カトリック教会文書資料集』エンデルレ書店、一九七四年、一八九頁。

（2）ミシェル・フーコー（渡辺守章訳）『性の歴史Ⅰ　知への意志』新潮社、一九八六年、七六頁。

第一章　古ゲルマン社会の亡者たち

（1）死者のイメージの変化については一般的には次のような書物があるが、本書においてはやや異なった視点から死者のイメージの変化を扱っている。

Philippe Ariès, *L'homme devant la mort*. Éditions du Seuil, 1977.　邦訳（成瀬駒男『死を前にした人間』みすず書房、一九九〇年）

Philippe Ariès, *Essais sur l'histoire de la mort en Occident du Moyen Âge à nos jours*. Éditions du Seuil, 1975.　邦訳（伊藤晃・成瀬駒男訳『死と歴史——西欧中世から現代へ』みすず書房、一九八三年）

Michel Vovelle, *La mort en l'Occident de 1300 à nos jours*. Gallimard, 1983.

E. Döring-Hirsch, *Tod und Jenseits im Spätmittelalter*. Karl Curtius, 1927.

Claude Lecouteux, Gespenster und Wiedergänger. Bemerkungen zu einem vernachlässigten Forschungsfeld der Altgermanistik. *Euphorion*, Bd. 80, 1986, S. 219ff.

（2）Egils saga einhanda ok Ásmundar berserkjabana, cap. 6f., hrsg. von G. Jónsson in, *Fornaldar Sögur Norðurlanda* III, S. 323-365, zitiert nach Claude Lecouteux, *Geschichte der Gespenster und*

Wiedergänger im Mittelalter. Böhlau, 1987, S. 197f.

(3) 谷口幸男訳『アイスランド　サガ』新潮社、一九七九年、三三九頁。

(4) Walter Map, *De Nugis Curialium* (1181–1193), zitiert nach Claude Lecouteux, *Geschichte der Gespenster und Wiedergänger im Mittelalter*. S. 129.

(5) 谷口幸男訳『アイスランド　サガ』四八四頁。

(6) Lecouteux, *a. a. O.*, S. 131.

(7) Lecouteux, *a. a. O.*, S. 132.

(8) Lecouteux, *a. a. O.*, S. 132.　小人についてはルクートーに興味深い研究がある。Claude Lecouteux, Zwerge und Verwandte. *Euphorion*, Bd. 75, 1981, S. 366ff.

(9) Svarfdoela saga, cap. 22f., zitiert nach Lecouteux, S. 133f.

(10) Lecouteux, *a. a. O.*, S. 134.

(11) 「エイルの人びとのサガ」谷口幸男訳『アイスランド　サガ』五〇九頁。

(12) Lecouteux, *a. a. O.*, S. 145.

(13) Lecouteux, *a. a. O.*, S. 67f.

(14) Edda snorra, Gylfaginning, cap. 48, zitiert nach Lecouteux, S. 73.

(15) Lecouteux, *a. a. O.*, S. 89f.

(16) 「グレティルのサガ」谷口幸男訳『アイスランド　サガ』一八三頁。

(17) Lester K. Little, *Religious Poverty and the Profit Economy in Medieval Europe*. London, 1978, p. 29ff.

第二章　死者の国と死生観

（1）エッダ神話に関する叙述は菅原邦城「エッダ神話小辞典」『ユリイカ』特集一二巻三号によっている。

（2）ヴァルホルについては、Gustav Neckel, *Walhall. Studien über germanischen Jenseitsglauben.* Dortmund, 1913, S. 37. を参照。

（3）Lecouteux, *a. a. O.*, S. 184f.

（4）Edda, *Götterlieder/Heldenlieder*, übersetzt von Hugo Gering, Berlin, 1943, S. 11.

（5）*Landnámabók*, zitiert nach Lecouteux, S. 188.

（6）「エイルの人びとのサガ」谷口幸男訳『アイスランド　サガ』四四八頁。

（7）Edda, *a. a. O.*, S. 200f.

（8）「ニャールのサガ」谷口幸男訳『アイスランド　サガ』六二五頁。

（9）Lecouteux, *a. a. O.*, S. 190.

（10）Wilhelm Grönbech, *Kultur und Religion der Germanen.* Darmstadt, 1980, Bd. II, S. 321f.

（11）Grönbech, *a. a. O.*, S. 323.

（12）Grönbech, *a. a. O.*, S. 324.

（13）Grönbech, *a. a. O.*, S. 326.

（14）Grönbech, *a. a. O.*, S. 327.

（15）Grönbech, *a. a. O.*, S. 328.

（16）M. I. Steblin-Kamenskij, *The Saga Mind.* Odense University Press, 1973, p. 123ff.　邦訳（菅原邦城訳『サガのこころ——中世北欧の世界へ』平凡社、一九九〇年）

（17）Steblin-Kamenskij, *ibid.*, p. 136.

(18) Steblin-Kamenskij, *ibid.*, p. 139.

(19) Steblin-Kamenskij, *ibid.*, p. 140.

(20) Lecouteux, *a. a. O.*, S. 171.

(21) 熊野聰『北の農民ヴァイキング』平凡社、一九八三年、一四〇頁。

(22) Hávarðar saga isfirðings, cap. 2f., zitiert nach Lecouteux, S. 127f.

(23) 「ラックサー谷の人びとのサガ」谷口幸男訳『アイスランド　サガ』四三四頁。

(24) Flóamanna saga, cap. 22, zitiert nach Locouteux, S. 122f.

(25) Lecouteux, *a. a. O.*, S. 123.

(26) Aaron J. Gurjewitsch, *Das Weltbild des mittelalterlichen Menschen*. München, 1980, S. 46f. 邦訳（川端香男里・栗原成郎訳『中世文化のカテゴリー』岩波モダンクラシックス、一九九九年）

(27) Landnámabók 145, zitiert nach Lecouteux, S. 178.

(28) Lecouteux, *a. a. O.*, S. 181.

(29) 第一・二章でみてきた亡者たちは主として中世アイスランド社会における土地と人間との関係、血縁関係のあり方を反映した存在であった。ファミリー・サガに反映されているこれらの法問題、特に私闘（feud）についてはすでにあげた熊野聰『北の農民ヴァイキング』と同氏の『北欧初期社会の研究』（未来社、一九八六年）の他、次の研究が容易に手に入るものである。

Kirsten Hastrup, *Culture and History in Medieval Iceland. An anthropological analysis of Structure and Change*. Oxford, 1985, p. 70ff.

Jesse L. Byock, *Medieval Iceland. Society, Sagas, and Power*. University of California Press, 1988, p. 36ff.　邦訳（柴田忠作・井上智之共訳『サガの社会史——中世アイスランドの自由国家』東海大学出版会、一九九一年）

第三章　キリスト教の浸透と死者のイメージの変化

（1）Lecouteux, *a. a. O.*, S. 20.
（2）Plinius Secundus, *Epistulae* VII, 5f., zitiert nach Lecouteux, *a. a. O.*, S. 21.
（3）Lecouteux, *a. a. O.*, S. 24.
（4）十字路をめぐる慣習・民俗については、Hanns Bächtold-Stäubli, *Handwörterbuch des deutschen Aberglaubens*. Bd. V, Berlin/Leipzig, 1932/33, S. 516ff. を参照。
（5）*De anima*, hrsg. u. übersetzt v. J. H. Waszink, zitiert nach Lecouteux, *a. a. O.*, S. 49.
（6）Lecouteux, *a. a. O.*, S. 51f.
（7）De cura pro mortuis gerenda, zitiert nach Lecouteux, *a. a. O.*, S. 52ff. Jacques Le Goff, *La naissance du purgatoire*. Paris, 1981, p. 111. 渡辺香根夫・内田洋訳『煉獄の誕生』法政大学出版局、一九八八年、一一九頁。
（8）Le Goff, *ibid.*, p. 112f.『煉獄の誕生』一二一頁。
（9）P. Dinzelbacher, *Vision und Visionsliteratur im Mittelalter*. Stuttgart, 1981, S. 108ff.
（10）Le Goff, *ibid.*, p. 68.『煉獄の誕生』六九頁。
（11）Le Goff, *ibid.*, p. 100.『煉獄の誕生』一〇六頁。
（12）Le Goff, *ibid.*, p. 118.『煉獄の誕生』一二九頁。
（13）Gregor der Große, *Dialogi*, hrsg. v. V. Thalhofer, Kempten 1873, zitiert nach Lecouteux, S. 55. 前田敬作・山中知子訳『黄金伝説』人文書院、一九七九〜八七年、四—一九〇頁。
（14）Le Goff, *ibid.*, p. 129.『煉獄の誕生』一三八頁。
（15）Lecouteux, *a. a. O.*, S. 59.『黄金伝説』四—一八七頁。

(16) 『黄金伝説』四―二〇一頁。

(17) Lecouteux, *a. a. O.*, S. 61.『黄金伝説』四―二〇二頁。

(18) 天国と地獄という観念は解り易そうでいて、少し考えてみると矛盾にみちている。たとえばディンツェルバッハーは、個々人は天国においても個々人たりうるのかという問いをたて、天国における個人のアイデンティティの問題を論じている。その点は大変興味深い論点である。

P. Dinzelbacher, Klassen und Hierarchien im Jenseits. Soziale Ordnungen im Selbstverständnis des Mittelalters. I. Halbband, *Miscellanea Mediaevalia,* Bd. 12, Berlin, 1979, S. 20ff.

第四章　中世民衆文化研究の方法と『奇跡をめぐる対話』

(1) 第一章の註（1）を参照。

(2) Aaron J. Gurjewitsch, *Das Weltbild des mittelalterlichen Menschen*. München, 1980.

(3) Aaron J. Gurjewitsch, *Mittelalterliche Volkskultur*. München, 1987.

(4) Probleme der Volkskultur und der Religiosität im Mittelalter. *Das Weltbild des mittelalterlichen Menschen*. S. 352ff.

(5) Die Volkskultur im Spiegel der Bußbücher. *Mittelalterliche Volkskultur*. S. 125ff.

(6) Gurjewitsch, Probleme, S. 353.

(7) Gurjewitsch, Probleme, S. 360.

(8) Gurjewitsch, Probleme, S. 362. Otto Behaghel, *Heliand und Genesis*. Altdeutsche Textbibliothek, Nr. 4, Tübingen, 1965, S. 46ff. Theophil Melicher, Die germanische Gefolgschaft im Heliand. *Mitteilungen des österreichischen Instituts für Geschichtsforschung*. Bd. LI, 1937, S. 431ff. *Der Heliand* in Simrocks Übertragung und die Bruchstücke der altsächsischen Genesis.

Eingeleitet von Andreas Heusler, Leipzig, s. d.

（9） Gurjewitsch, Volkskultur, S. 21.

（10） Gurjewitsch, Probleme, S. 37.

（11） 本章で問題になる民衆文化研究の方法については中世以外の分野でもさまざまな試みが行われている。たとえば近世史については、Natalie Zemon Davis, *Society and Culture in Early Modern France. Eight Essays.* Stanford University Press, 1975.　成瀬駒男・宮下志朗・高橋由美子訳『愚者の王国　異端の都市』平凡社、一九八七年。Peter Burke, *Popular Culture in Early Modern Europe.* 1978.　中村賢二郎・谷泰訳『ヨーロッパの民衆文化』人文書院、一九八八年などがある。

（12） Caesarii Heisterbacensis monachi ordinis cisterciensis *Dialogus Miraculorum.* Textum ad quatuor codicum manuscriptorum editionisque principis fidem accurate recognovit Josephus Strange, Coloniae, MDCCCLI.

（13） Gurjewitsch, Probleme, S. 46.

（14） Capitulum LXVI, De lupo qui puellam traxit in nemus, ut os de gutture socii erueret, S. 261.

（15） Distinctio undecima. De morientibus. Capitulum I, Quid sit mors, et unde dicatur; et de quatuor generibus morientium, S. 266.

（16） Capitulum XXXV, De converso de Cynna qui propter obulum reversus est ad corpus, S. 297.

（17） Capitulum XXXVI, De monacho qui propter cucullam quam moriens exuerat prohibitus est intrare paradisum, S. 298.

（18） Capitulum XXXIX, De usurario Metensi cui mortuo crumena cum denariis consepulta est, S. 300.

（19） Capitulum XL, De usuraria in Freggenne quae mortua denarios numerantes imitabatur, S. 300.

(20) 高利貸しと地獄の苦しみあるいは死については、ル・ゴフに研究がある。そこにはさらに多くの事例があげられている。Jacques Le Goff, *La bourse et la vie. Économie et religion au Moyen Age.* Hachette, 1986, p. 50ff. 邦訳（渡辺香根夫訳『中世の高利貸』法政大学出版局、一九八九年）

(21) Capitulum XLVII, De Henrico rustico qui moriens vidit capiti suo lapidem ignitum imminere, per quem agros alienos proximo subtraxerat, S. 305.

(22) Capitulum LVI, De rusticis qui post mortem in sepulchro contendebant, S. 309.

(23) Capitulum LXII, De matrona agonizante quam mors deserens clericum iuxta stantem invasit, S. 313.

(24) Capitulum XXXVIII, De purgatorio Sancti Patricii, S. 347.

(25) Capitulum XVI, De poena sacerdotis cuius animam parochiani sui agitarverunt in puteum, S. 322.

(26) Capitulum XII, De decano Palernensi quem Rex Arcturus invitavit ad montem Gyber, S. 324.

(27) Capitulum XV, De Henrico Nodo qui post mortem multis visibiliter apparuit, S. 327.

(28) Capitulum XVIII, De milite mortuo qui nocte serpentes et busones loco piscium ante portam filii suspendit, S. 328.

(29) Capitulum XXIV, De purgatorio cuiusdam usuarii Leodiensis, S. 335. ル・ゴフ『煉獄の誕生』四五三頁。

(30) Capitulum XXXIX, De usurario Metensi cui mortuo crumena cum denariis consepulta est, S. 300. Capitulum XL, De usuraria in Freggenne quae mortua denarios numerantes imitabatur, S. 300. Capitulum XLI, Item de usuraria de Bacheim cuius anima a daemonibus in specie corvorum evulsa est, S. 301. Capitulum XLII, De Theodorico usurario qui moriens denarios masticavit, S.

301.

(31) Jacques Le Goff, *La bourse et la vie*. Hachette, 1986, p. 98f.

第五章　罪の意識と国家権力の確立

(1) Wolfgang Stürner, *Peccatum und Potestas. Der Sündenfall und die Entstehung der herrscherlichen Gewalt im mittelalterlichen Staatsdenken*. Sigmaringen, 1987, S. 44.

(2) Stürner, *a. a. O.*, S. 45.

(3) Stürner, *a. a. O.*, S. 73.

(4) Stürner, *a. a. O.*, S. 76.

(5) Stürner, *a. a. O.*, S. 83.

(6) Stürner, *a. a. O.*, S. 84.

(7) Stürner, *a. a. O.*, S. 89.

(8) František Graus, *Volk, Herrscher und Heiliger im Reich der Merowinger*. Praha, 1965, S. 166ff.

(9) Walter Ullmann, *Carolingian Renaissance and the Idea of Kingship*. London, 1969, p. 1.

(10) Ullmann, *ibid.*, p. 3.

(11) Ullmann, *ibid.*, p. 5.

(12) Ullmann, *ibid.*, p. 7.

(13) Ullmann, *ibid.*, p. 18.

(14) Ullmann, *ibid.*, p. 31.

(15) Admonitio generalis, *MGH.*, Cap. 2, c. 61.

(16) 五十嵐修「カロリング朝の民衆教化——その理念と現実」『西洋史学』一四七号、一九八七年、三四頁以下を参照。

(17) Ullmann, *ibid.*, p. 40.

(18) 第四章の註（25）を参照。

第六章　キリスト教の教義とゲルマン的俗信との拮抗

(1) Herm. Jos. Schmitz, *Die Bussbücher und die Bussdisciplin der Kirche*. Nach handschriftlichen Quellen dargestellt, Bd. I. II. Graz, 1958. 「贖罪規定書」に関する研究は数が多い。いくつかあげておこう。Th. P. Oakley, The Penitentials as sources for Medieval History. *Speculum* 15, Nr. 2, 1940, p. 210ff. Pierre J. Payer, *Sex and the Penitentials. The development of a sexual Code, 550–1150*, University of Toronto Press, 1984, p. 7ff.

(2) ⓐローマ群　Poenitentiale Valicellanum I. Poenitentiale Valicellanum II. Poenitentiarium Summorum Pontificium: Poenitentiale Cassinense. Das Poenitentiale Arundel. Poenitentiale Romanum.

ⓑアングロ・サクソン群　Vortheodorische Bussordnungen. Das Bussbuch Theodor's von Canterbury. Poenitentiale Bedae. Poenitentiale Egberti.

ⓒいわゆるフランクの「贖罪規定書」混合型　Das Poenitentiale Columbans. Das sogenannte Poenitentiale Cummeani. ⓐ Excarpus. ⓑ Poenitentiale Remense. ⓒ Capitula Judiciorum. Das Poenitentiale Parisiense. Das Poenitentiale Merseburgense und ähnliche Excerpte. Das Poenitentiale Bigotianum.

ⓓ「贖罪規定書」の第三期　九〜十一世紀における組織的編纂　Bussbücher der Reaction　ⓐ Die Dacheriana.　ⓑ Die Sammlung in vier Büchern: Collectio Vaticana.　ⓒ Die Sammlung von

Halitgar's von Cambrai.　ⓓ Die beiden Poenitentialbücher des Hrabanus Maurus. Der in der dritten Periode gebräuchliche Ordo poenitentiale.　ⓐ Der Ordo, verbunden mit Fragestücken und Bussansätzen.　ⓑ Der Ordo, verbunden mit Fragestücken ohne Bussansätze und mit admonitiones. Der Corrector Burchardi und ihm verwandte Sammlungen. Liturgie und Bussdisciplin.　ⓐ Poenitentiale Fulberti.　ⓑ Poenitentiale Valicellanum III.　ⓒ Poenitentiale Lanrentianum.

ⓔ第四期　グラティアヌスからトリエント公会議まで　Nachgratianische Bussbücher：die Disciplin. Die Canones Astesani. Das Poenitentiale Mediolanense. Die Summen und Confessionalien dieser Zeit.

(3) Schmitz, *Die Bussbücher*, Bd. II, S. 409.
(4) Schmitz, *Die Bussbücher*, Bd. II, S. 400.
(5) Schmitz, *Die Bussbücher*, Bd. II, S. 401f.
(6) Schmitz, *Die Bussbücher*, Bd. II, S. 403f.
(7) Schmitz, *Die Bussbücher*, Bd. II, S. 407f.
(8) Schmitz, *Die Bussbücher*, Bd. II, S. 408f.
(9) Schmitz, *Die Bussbücher*, Bd. II, S. 409.
(10) Schmitz, *Die Bussbücher*, Bd. II, S. 409.
(11) Schmitz, *Die Bussbücher*, Bd. II, S. 411f.
(12) Schmitz, *Die Bussbücher*, Bd. II, S. 414f.
(13) Schmitz, *Die Bussbücher*, Bd. II, S. 415.
(14) Schmitz, *Die Bussbücher*, Bd. II, S. 415.

(15) Gurjewitsch, Probleme, S. 375.
(16) Gurjewitsch, Probleme, S. 376.
(17) Schmitz, *Die Bussbücher*, Bd. II, S. 147. Gurjewitsch, Probleme, S. 376.
(18) Gurjewitsch, Probleme, S. 376.
(19) Gurjewitsch, Probleme, S. 379.
(20) 阿部謹也『中世賤民の宇宙――ヨーロッパ原点への旅』筑摩書房、一九八七年、一七五頁以下を参照。
(21) *Patrologia Latina* Tomus LIV, 1865, 11-354.
(22) Schmitz, *Die Bussbücher*, Bd. II, S. 403ff.
(23) Schmitz, *Die Bussbücher*, Bd. II, S. 409.
(24) Schmitz, *Die Bussbücher*, Bd. II, S. 412.
(25) Schmitz, *Die Bussbücher*, Bd. II, S. 414.
(26) 「コロサイ人への手紙」三―一七。
(27) Schmitz, *Die Bussbücher*, Bd. II, S. 427.
(28) Statim, inquit, fui in spiritu.　エゼキエル書三に基づいている。Schmitz, *Die Bussbücher*, Bd. II, S. 429.
(29) Schmitz, *Die Bussbücher*, Bd. II, S. 430.
(30) Schmitz, *Die Bussbücher*, Bd. II, S. 442.
(31) 人間狼については拙著『中世賤民の宇宙』一八四頁以下を参照。
(32) Schmitz, *Die Bussbücher*, Bd. II, S. 450.

第七章　生き続ける死者たち

（1）　Ep. clxviii 2, Migne, *Patrologia Latina* LIV. 1210.

（2）　『カトリック教会文書資料集』一九〇頁。

（3）　『グリム童話集』第二四番のホレ婆さんはゲルマン神話の女神としてあるいは魔女として古くから知られている。グリム童話集では井戸の底の世界に住んでいることになっているが、これまでのところゲルマン民族の死の神であるとか、夜の精とみるようなさまざまな研究がある。Jacob Grimm, *Deutsche Mythologie*, Bd. III, S. 87. Claude Lecouteux, Hagazussa-Striga-Hexe. *Etudes Germaniques*, 38–2, 1983, p. 116f.

（4）　Claude Lecouteux, Zur Entstehung der Melusinensage. *Zeitschrift für deutsche Philologie*, Bd. 98, H. I. S. 81.

（5）　「メルヘンにみる中世人のこころ」『社会史とは何か』筑摩書房、一九八九年。

（6）　メメント・モリと死の舞踏については数多くの文献がある。Karl Künstle, *Die Legende der drei Lebenden und der drei Toten und der Totentanz*. Freiburg im Breisgau, 1908, S. 27ff. A. Freybe, *Das Memento Mori in deutscher Sitte, bildlicher Darstellung und Volksglauben, deutscher Sprache, Dichtung und Seelsorge*. Gotha, 1909, S. 1ff. Theodor Lewandowski, *Das mittelniederdeutsche Zwiegespräch zwischen dem Leben und dem Tode und seine altrussische Übersetzung*. Köln, 1972, S. 12ff. Hellmut Rosenfeld, *Das mittelalterliche Totentanz. Entstehung-Entwicklung-Bedeutung*. Köln, 1974, S. 1ff.

（7）　Schmitz, *Die Bussbücher*, Bd. II, S. 429.

（8）　Schmitz, *Die Bussbücher*, Bd. II, S. 448.

（9）　Schmitz, *Die Bussbücher*, Bd. II, S. 431.

（10） Schmitz, *Die Bussbücher*, Bd. II, S. 429.
（11） Schmitz, *Die Bussbücher*, Bd. II, S. 432.
（12） Schmitz, *Die Bussbücher*, Bd. II, S. 451.
（13） Gustav Neckel, *Deutsche Literatur. Reihe Deutsche Sagen*, Bd. II, *Vom Altertum zum Mittelalter*, Darmstadt, 1964, S. 29.
（14） Neckel, *a. a. O.*, S. 31.
（15） Neckel, *a. a. O.*, S. 32.
（16） Will-Erich Peuckert, *Niedersächsische Sagen* III. Göttingen, 1969, S. 245ff.
（17） ホイジンガ（兼岩正夫・里見元一郎訳）『中世の秋』創文社、一九五八年、二一八頁。同じ話はF・ランケが集めた『ドイツ伝説集』にもみられる。Friedrich Ranke, *Die deutschen Volkssagen*. München, 1910, S. 43.
（18） Ingeborg Müller und Lutz Röhrich, Der Tod und die Toten. *Deutsches Jahrbuch für Volkskunde*. Bd. 13, 1967, Teil II, S. 346ff.

あとがき

　私たちの日常生活は二重の層をなしているといってよいだろう。明治以降の近代化の過程で西欧文化を受け容れ、西洋風の衣服と食事、住宅、交通機関、政府、行政、学校教育、教養を身につけてきた。その限りで日本の近代化＝西欧化はかなりの程度進んでいるといえるだろう。しかしながら政党や行政の実態、選挙の実情、政治家と市民の関係、大学における人事のあり方、あるいは日本の伝統的芸能の閉鎖性などに少しでも目を向ければ、そこには大きな距離があることに誰でも気づくだろう。日本人がヨーロッパでオペラ歌手になる道は開かれている。また大学教授になる道も開かれている。アメリカなら大統領になる道だってあるだろう。しかし日本の歌舞伎や茶道、華道で他国人が役者、家元などになる可能性は全くないといえるだろうし、外国人が政治家になる道も全くないといってよいだろう。外見上の西欧化の内部で私たちは今でも日本古来の人間関係あるいはそれが変形した形を保っているのである。そのことの是非はここでは問わない。問題は私たちが範としてきたヨーロッパとは何であったかという点にある。

ヨーロッパ文明が全世界に広まっていった背後には前著でも示したように時間と空間の均質的な把握方法の成立があったし、そこには世界を普遍的な尺度でとらえようとする指向としてのキリスト教の力があった。本書は前著につづいてこのようなヨーロッパ文明の大きな変貌の最も深いところに探りをいれようとしたものであり、そこで私は罪の意識の問題にゆきつき、同時に個人の成立に目を向けることになったのである。日本の社会にはヨーロッパで成立したような形での罪の意識はなかったといってよいであろう。罪の意識の成立は前著で示したようなヨーロッパにおける公的世界の成立の最も深いところにあり、個人と社会を結びつける力強い絆であった。少なくとも罪の意識を媒介にしてヨーロッパにおいては個人と共同体の間に一線がひかれ、個人は社会と強く結合され、一方で人格の形成が、他方で公的社会の形成が並行して進むことになったと考えられるのである。

しかしながら本書においてはこの側面を追究する一方で、罪の意識の成立以前のヨーロッパにも目を注いだ。なぜなら罪の意識はヨーロッパの公的社会を担う力強いエネルギーとはなったが、罪の意識が成立する以前のヨーロッパの人びとの空間と時間の観念や感性はその後も生き残り、今日にいたるまで民俗行事や民謡、文学などのなかに伝えられているからである。その限りで、ヨーロッパも二重の層をなしているといえるだろう。本書においてはヨーロッパの近代化された姿の背後にあるものにも目を向けようとしており、それは死者のイメージの変化に最も明瞭に読み取れるのである。本書は前著『中世賤民の宇宙』につづくものであるが、「死の文化」シリーズの一巻として出されるにあたって弘文堂編集部の中村憲生さん北川陽子さんのお二人に感謝をささげたい。本書は史料集めその他に三年間かけたのち、極めて多忙な学務の間をぬって書かれたが、そのために私にとっては良い思い出となっている。

一九八八年十月二十三日

阿部謹也

KODANSHA

本書の原本は、一九八九年に弘文堂より刊行されました。
学術文庫に収録するにあたり、『阿部謹也　著作集』第五巻を参照しました。
なお、〔　〕は編集部による注です。

「講談社学術文庫」の刊行に当たって

これは、学術をポケットに入れることをモットーとして生まれた文庫である。学術は少年の心を養い、成年の心を満たす。その学術がポケットにはいる形で、万人のものになることは、生涯教育をうたう現代の理想である。

こうした考え方は、学術を巨大な城のように見る世間の常識に反するかもしれない。また、一部の人たちからは、学術の権威をおとすものと非難されるかもしれない。しかし、それはいずれも学術の新しい在り方を解しないものといわざるをえない。

学術は、まず魔術への挑戦から始まった。やがて、いわゆる常識をつぎつぎに改めていった。学術の権威は、幾百年、幾千年にわたる、苦しい戦いの成果である。こうしてきずきあげられた城が、一見して近づきがたいものにうつるのは、そのためである。しかし、学術の権威を、その形の上だけで判断してはならない。その生成のあとをかえりみれば、その根は常に人々の生活の中にあった。学術が大きな力たりうるのはそのためであって、生活をはなれた学術は、どこにもない。

開かれた社会といわれる現代にとって、これはまったく自明である。生活と学術との間に、もし距離があるとすれば、何をおいてもこれを埋めねばならない。もしこの距離が形の上の迷信からきているとすれば、その迷信をうち破らねばならぬ。

学術文庫は、内外の迷信を打破し、学術のために新しい天地をひらく意図をもって生まれた。文庫という小さい形と、学術という壮大な城とが、完全に両立するためには、なおいくらかの時を必要とするであろう。しかし、学術をポケットにした社会が、人間の生活にとってより豊かな社会であることは、たしかである。そうした社会の実現のために、文庫の世界に新しいジャンルを加えることができれば幸いである。

一九七六年六月

野間省一

阿部謹也（あべ　きんや）

1935～2006年。一橋大学経済学部卒業、同大学院社会学研究科博士課程修了。一橋大学名誉教授・元学長。歴史学者。
著書に、『ハーメルンの笛吹き男　伝説とその世界』、『「世間」とは何か』、『「教養」とは何か』、『中世を旅する人びと』（サントリー学芸賞）、『中世の窓から』（大佛次郎賞）、訳書に『ティル・オイレンシュピーゲルの愉快ないたずら』（日本翻訳文化賞）など多数ある。

講談社学術文庫

定価はカバーに表示してあります。

西洋中世《せいようちゅうせい》の罪《つみ》と罰《ばつ》
亡霊《ぼうれい》の社会史《しゃかいし》
阿部謹也《あべきんや》

2012年３月12日　第１刷発行
2021年８月16日　第５刷発行

発行者　鈴木章一
発行所　株式会社講談社
　東京都文京区音羽 2-12-21 〒112-8001
　電話　編集（03）5395-3512
　　　　販売（03）5395-4415
　　　　業務（03）5395-3615
装　幀　蟹江征治
印　刷　豊国印刷株式会社
製　本　株式会社国宝社
本文データ制作　講談社デジタル製作

ISBN978-4-06-292103-9